U0502567

思考力

受用一生的49个智慧

[日] 桑原晃弥 著 / 毕梦静 译

中国科学技术出版社
·北 京·

版权

Original Japanese title: TOYOTA SHIKI KANGAERU CHIKARA
Copyright © Teruya Kuwabara 2018
Original Japanese edition published by JMA Management Center Inc.
Simplified Chinese translation rights arranged with JMA Management Center Inc.
through The English Agency (Japan) Ltd. and Shanghai To-Asia Culture Co., Ltd.

北京市版权局著作权合同登记 图字：01-2020-3498。

图书在版编目（CIP）数据

思考力：受用一生的 49 个智慧 /（日）桑原晃弥著；毕梦静译 .
—北京：中国科学技术出版社，2020.8
  ISBN 978-7-5046-8737-1

I. ①思… II. ①桑… ②毕… III. ①丰田汽车公司—工业企业管理—经验 IV. ① F431.364

中国版本图书馆 CIP 数据核字（2020）第 132876 号

策划编辑	申永刚　陈昱蒙
责任编辑	申永刚
封面设计	赵天飞
版式设计	锋尚设计
责任校对	焦　宁
责任印制	李晓霖

出　　版	中国科学技术出版社
发　　行	中国科学技术出版社有限公司发行部
地　　址	北京市海淀区中关村南大街 16 号
邮　　编	100081
发行电话	010-62173865
传　　真	010-62173081
网　　址	http://www.cspbooks.com.cn

开　　本	1480mm×2100mm　1/32
字　　数	135 千字
印　　张	7
版　　次	2020 年 8 月第 1 版
印　　次	2020 年 9 月第 1 次印刷
印　　刷	北京华联印刷有限公司
书　　号	ISBN 978-7-5046-8737-1
定　　价	59.00 元

前言
preface

　　"'丰田式'生产方式以人类的智慧为基础，自动化和准时生产是其两大支柱。"这是在将近20年以前，我和若松义人［旧友。原卡尔曼社长。在大野耐一身旁致力于"丰田式"生产方式（以下简称"丰田式"）普及的校友］在采访诸多企业时，从一名丰田员工那里听到的话。

　　"自动化"这一思维方式来源于丰田自动织机的始祖丰田佐吉，"准时生产"这一思维方式则来源于丰田汽车的创始人丰田喜一郎。虽然这两者毫无疑问是"两大支柱"，但为何这两大支柱要建立在"人类的智慧"这一基础上呢？这一点是我当时所无法理解的。

　　但是，随着和众多丰田员工进行交谈，参观众多践行"丰田式"的企业之后，我渐渐能够理解了。在这之中，有一位践行"丰田式"十年以上的一家中坚企业的经营者，看着从他父亲那一代就开始使用的机器，说"这里凝聚了很多智慧"。我听到后，突然能够理解"支撑'丰田式'的是人类的智慧"这句话了。

丰田真正致力于"丰田式"是在第二次世界大战后不久，但当时的"丰田式"和现在的"丰田式"是不一样的。当时的丰田没有财力、人力、物力，从一无所有起家。在这种状态下，丰田人绞尽脑汁地想着"如果不能制造出好的汽车该怎么办"，于是，"改变了世界产品制造方式"的"丰田式"就这样应运而生。支撑它的，是"人类的智慧"，是"思考力"。

物品和金钱是有限的，但智慧是无限的。而且，智慧对于每个人都是平等的，如果能够把大家的智慧全都激发出来，那么无论是什么样的难题都能够迎刃而解。这就是"丰田式"对于智慧的基本思考方式。提到"丰田式"，总会给人一种与"产品制造"有关的印象，但实际上"丰田式"是指，培养"用智慧工作的人"的一种架构，使被培养的人能够通过发挥智慧产生向好的改变等。

如今是人工智能（AI）发展迅速的时代。某位专家曾发表言论称，在许多工作都逐渐被AI取代的过程中，将来能够保留下来的是"经营管理""待人接物"和"创新创造"。"丰田式"的"自动化"在根本上并非是把人类作为机器的替代品，而是把人类的工作和机器的工作准确地区分开，人类就去做只有人类可以做的工作（需要智慧的工作）。同样，在将来，我们被要求的也是去做AI所不能完成的事情，它的前提就是"从事需要发挥智慧、活用智慧的工作"。

但是，并不是所有的人都善于活用智慧。正因为如此，才有必要进行为了发挥智慧的训练和习惯养成。在这种时候，我希望"丰田式"在激发员工智慧这件事上所下的功夫能够成为大家的参考。它的代表案例就是在本书中多次出现的"不经历困惑就不会激发智慧"以及"问题的可视化"等。

在日常的工作中，发挥智慧并不是一件容易的事情。但在经过不断训练之后，每个人都可以发挥自己的智慧，事实确实如此。希望读者能以本书为参考，坚持发挥自己的小智慧。即使最初只是小的智慧、平凡的智慧，日积月累之后也可以达到意外的高度。

未来的时代是一个亟须智慧的时代，是一个亟须能够发挥智慧的人才的时代。若本书能够帮助到读者，便是我的无上荣幸。

桑原晃弥

目 录
contents

第 **1** 章

以智慧的数量成长

第 **2** 章

正因为"很难",所以才能发挥智慧

第 **3** 章

通过观察来发挥智慧

第 **4** 章

实况和尝试与智慧息息相关

第 5 章

问题是产生智慧的机会

第 6 章

充分发挥智慧进行比较、讨论

第 **7** 章

相信群众的智慧

第 1 章

以智慧的数量成长

01

思考更好的做法

有一种人被叫作"等待指示族"。
他们不自己思考"该做什么""怎么做",而是等待上司的
指示,按照上司的指示去做上司交代给他们的事情。

在某种意义上,这样的人对于上司而言不失为一名让人放心
的、易于差遣的下属。而且,对于下属自身而言也不必害怕失败,
可以安心工作。即使失败了,也可以说"是上司的指示有问题",
从而把责任转嫁给上司。

从这一点来看的话,无论是对于上司还是下属,这都是一种风
险较低的工作模式。但是,如果只是不断重复这种模式的话,就会

培养出一大批这样的下属。他们在没有上司指示的情况下，什么也做不了，甚至不会主动去想自己该做些什么。

这样一来，企业就无法培养出当今社会所需要的"用头脑工作""有风险意识，能够挑战新事物"的人，企业的竞争力也会随之降低。

对于企业和员工来说，这绝不是一件好事。那么，为了避免这种局面，我们需要什么样的员工呢？<u>我们需要能够自己思考、自己承担责任的下属和能够将下属的能力"提升5%"的上司。</u>

要想实现这一目标，作为下属，不要原封不动地执行上司的指示，而是想一想"有没有更好的做法"和"+α的智慧"。而且，对于之前顺利解决问题的方法，也要想一想有没有可以改进的余地。

有一次，在丰田工厂的生产线上发生了一个突发情况。A所在的部门被要求当场决定如何开展延期的工程。但那天恰巧上司出差了，不在现场。并且A也没办法立刻联系到他的上司。

于是，A被要求代替上司尽快做出判断。A回想起之前相似情况出现时上司所采取的对策，按照之前上司给他的指示顺利地解决了问题，所以暂时放心了。但是，当A把当天发生的事情报告给出差回来的上司时，却被上司狠狠地责骂了一顿。"这次的情况虽然看似和上次相同，但实际上是不一样的。为什么和上次不一样？你没用脑子想想我之前给你下达过的其他指示吗?"

一般来说,"和之前成功的案例相同""遵循上司的指示"是不会被批评的。如果遵循之前成功的方法,风险小,结局应该是"做得很好"才对。但"丰田式"所追求的是"做得更好"。

如果因为上一次按照这个方法做得很好,所以这次也使用这个方法,并且今后也不断重复使用这个方法的话,就不会有进步。即使有些风险,为追求"做得更好",在过去的做法和上司的指示的基础上加上"+α的智慧"是最重要的。

要想拥有产生智慧的能力,就不要沿袭往常的做法,尝试去思考"有没有更好的做法""虽然上司那样指示了,但这样做的话可能会更好",发挥自己的智慧,大胆地去尝试。

为"丰田式"奠定基础的大野耐一先生的口头禅是:"按照我的指示去做的人是笨蛋。不按照我的指示去做的人更是笨蛋。比我所下达的指示做得更好的人是聪明人。"

不断重复"用脑子想想更好的做法"这个过程,正是不断提升我们智慧能力的过程。

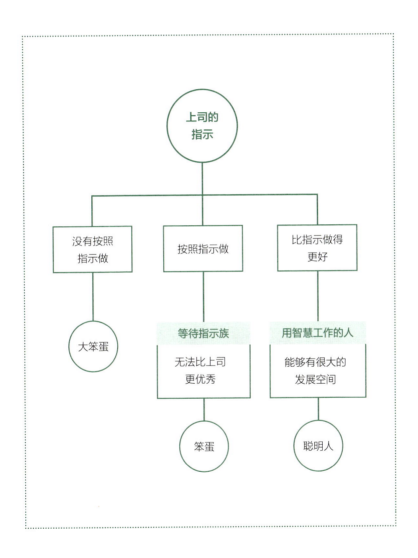

02

─ ─ ─

学习别人的想法

对于"拿来主义"这种做法，只要不是剽窃，就绝不是什么坏事。把古老的素材重新组合起来，创造出全新的作品。这就是我所说的"拿来主义"。

创作出《哆啦A梦》《小超人帕门》等多部热门作品的漫画家藤子·F. 不二雄曾说过，创作是对外输出的行为，如果不进行吸收的话，就会变得没有任何内容可以输出。正因为如此，藤子先生从小时候就开始通过大量阅读文字、观看影像等不断吸收新知识，在得到灵感时就立马拿笔记下来。

之后，在进行创作时，就从自己积攒的知识中选取几处，并使其不断扩充、发散。不断重复这种方法的话，产生灵感和想法的能力就会被大脑记忆，之后再吸收新知识时，就可以轻松地产生新的想法了。

藤子先生不断创作出热门作品的秘诀就是，开阔自己的视野，学习、吸收各种各样的东西，然后再重新构筑一个只属于自己的世界。

在工作中所需要的智慧和灵感也是同样的道理。智慧和灵感不一定必须是新的发明或发现。学习其他公司的成功案例，想着"这个在我们公司也可以使用"，然后将其导入自己的公司，也可以说是非常棒的想法和智慧。

但是，在学习其他公司的事例时，即使是学习最新的经营理念和体系，也不能忘记"世上没有万能药"这一"丰田式"的思维方式。为什么这么说呢？因为无论是多么优秀的成功案例，说到底终究是"其他公司"的成功案例，如果原封不动地导入自己公司的话，并不一定会取得成功。

在学习成功案例的同时，要赋予其"自己公司的智慧"，使之成为能够在自己公司使用的东西。这种智慧是非常重要的。

去福特公司研修的丰田前社长丰田英二从福特公司所实施的"建议系统"中得到启发，然后将这个启发带回了丰田。这就是支撑丰田不断进行改进的"创意想法运动"开始的契机。

"建议系统"本来是指，接受并实施来自福特约7万名员工的工作改善想法。但由于员工所提出的"和经济效果相匹配的奖金"这一要求过于强烈，没过多久这一制度便被废止了。丰田从"建议系统"中得到启发，开始实施"创意想法制度"，在那之后也进行了各种各样的制度改善，并逐渐地过渡到今天的样子。

"创意想法制度"最初被误解为"发明"，而且由于活动是以个人为主体的，刚开始进行得并不顺利。后来，在转变为"品质优先"的"发挥群众智慧"的组织之后才开始逐渐活跃起来。虽然给予员工们的奖励金额很少，但现在每年都有超过60万条的改善建议被提出。

要从其他公司的成功案例中得到启发，很重要的一点是要关注最新的系统体系，但更为重要的是加上"自己的智慧"，使之成为适合自己的东西。

"想法随处都能产生。因此，我们向全世界征集想法。"这是使通用电气（GE）发展成为世界最强企业的杰克·韦尔奇的名言。面向世界的话，你就能看到优秀的想法要多少有多少。

学会吸收、保持贪欲，并附上"属于自己的智慧"，使之成为适合自己的东西、适合自己公司的东西。这是一种很好的做法。

就像藤子先生说的那样，把许多的种子放在手里，浇灌自己的智慧，在这个过程中，智慧得到了磨砺，于是产生了"优秀的想法"这一果实。

正是对于优秀事物的强烈关心和执行力，丰田实施着
"每天改善，每天实践"

不论是什么样的中小企业，只要听闻其进行了出色的改善，丰田都会立马去实地学习

继续探寻"更好的事物"

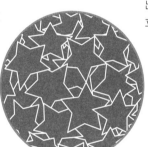

面向世界，寻求想法和灵感

发现优秀事物时，使之内化为自己的东西，并向公司渗透

对于已经学会的事情，附上自己的智慧，实现进一步改善

丰田从不说"这样就可以了"，
而是以"我们一直在路上"这种心情不断地完善自我

03

做能够使用智慧工作的人

苹果公司的创始人史蒂夫·乔布斯曾说："人类本来就是创造性的存在。因为人类会以生产产品的公司从没想过的方式来使用产品。"

iPhone 2为苹果公司最初的成功立下了功劳。其中一个原因是，作为计算机，它的性能好、易操作，而且人们通过使用iPhone 2创造出了许多优秀软件。这是乔布斯他们所没有想到的。iPhone 2超越了计算机迷们所能想到的界限，让我们看到了资本市场爆发式的销量。

在生产产品时，制造商会事先考虑到"希望消费者这样来使用"。当然，其中不乏"谁会想到有这样的功能呢"的想法。无论是哪种功能或使用方法，都凝聚了制造者的心血。消费者有时在使用产品时，会创造出制造商从未想到的东西，会使用制造商从未想过的方法。也就是说，消费者的智慧使产品变得更超乎想象。

这对于进行产品制造的制造商来说也是如此。

在"丰田式"中有这样一种说法：不要成为商品说明书工程师。为了生产某个零件，而购买各种机器。大多数企业或个人会看商品说明书，然后买机器，再按照商品说明书的使用方法和所写的内容来制造东西。虽然一般情况下都是"这样就可以了"，但在"丰田式"中，这种使用方法被称为商品说明书工程师，是没有智慧的使用方法。

在丰田的规模还不及当时美国顶尖企业时，有一次，有人对大野耐一先生说："我们刚从美国购买了新机器，请您看看。"于是，这个人就带大野耐一先生参观了现场。

大野先生向对机器进行说明的技术人员提出了疑问："这是你们开发的机器吗？""在日本只有这么一台吗？"

随后，大野耐一先生说道："付了船费从美国买来的机器，通过它来生产零件，然后把产品出口到美国的话，对美国来说就是可以讲价的东西。而且，把产品装到船上，从日本运到美国，并且想要以此来增加利润的话，不是和美国的做法一样了吗？这样是行不通的。"

大野耐一先生接着说道："如果在美国需要3个人来完成这项工作，那么就动脑思考一下在日本怎样可以1个人来完成。想要1个人来完成这项工作，就需要大家都贡献出自己的智慧。"

这个机器是在美国生产出来的，美国的企业自不必说，日本同行业的其他公司也已经在使用这个机器了。如果大家只是照着商品说明书来购买一模一样的机器，然后和其他公司一样按照商品说明书上的使用方法来使用的话，就无法拉开和其他公司的差距。这样的话，就无法产生"职场上的智慧"，也无法在竞争中取胜。

将"职场上的智慧"赋予买来的机器，将需要3个人来完成的工作逐渐优化为2个人来完成，再将需要2个人来完成的工作逐渐优化为1个人就可以完成，这才是发挥了智慧。"依靠智慧的数量在竞争中取胜"，这是"丰田式"的思维方式。

工作也好，个人也罢，在购买机器之后，哪怕是只加上一点儿自己的"智慧"，去思考更好的使用方法，也是好的。工具等也是把工作做得很好的人在现有物品的基础上花费了一番功夫而创造出的更易于使用的物品。正是这种功夫的不断积累，才能将人们从商品说明书工程师转变为能够使用智慧工作的人。

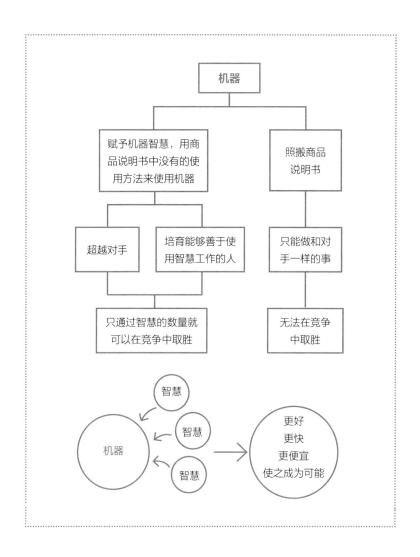

04

自己去寻找答案

要想拥有能够发挥智慧的能力，很重要的一点是"自己去寻找答案"。为此，上司自身也需要有"不说出答案，等待下属的回答"的忍耐力。"等待"本身就并非易事。如果上司一开始就把工作的答案、正确的做法告诉下属的话，下属就不会走错路，不会失败。因此，如果是讨厌下属失败、性格急躁的上司，他就会提前告诉下属该怎么做。是一直忍耐着不指导下属，还是提前告诉下属该怎么做，这两种不同的上司会培养出截然不同的下属。

大野耐一先生有一位下属叫铃村喜久男，他为推进"丰田式"做出了很多贡献。铃村先生被认为是将现场主义实行得非常彻底的热血人士，但他有一个经常让大野耐一先生生气的缺点，那就是"教得太多了"。曾受到大野耐一先生和铃村先生两方指导的丰田原社长张富士夫先生曾这样回忆道："铃村先生在教导下属的过程中会大骂'笨蛋'，会问类似'为什么听不明白？为什么不这么做'这种难以回答的问题。"他发起火来让人很害怕，问他理由，他便说："那种做法我十年前就做过了，然后失败了，因此我才不想让你们落入同样的陷阱里。"虽然他是一个充满热血的人，但却被大野耐一先生训斥道："像铃村那样过早地给出答案是不行的。"

如果是知识和经验都十分丰富的上司，在给下属下达指示的时候，基本上自己心里已经有了答案。正因如此，他们即使是对下属说"试着自己思考一下""试着自己做一下"，在看到下属的样子时，也会想下达指示说"不是这样，而是那样"。或者，他们在让下属自己思考之前，会先告诉下属："例如，应该这样做。"因为从能干的上司的角度来看，下属的进展很缓慢，有失败的风险。

确实，如果拥有值得信赖的上司，下属失败的风险就会降低，而且还可以节省思考的时间。但是如果上司总是提前告诉下属答案，下属就会变得不再自己思考，而是听到上司的指示之后再行动。

有一家导入"丰田式"的企业在遇到瓶颈时，改善推进小组的成员们为了能够早一点取得成果，直接把答案告诉了各部门的人：
"这个地方这样做的话就会有所改善。"这样一来，改善的速度确实
有所提升，但这绝不是"丰田式"中最重要的"自己察觉，自己发
挥智慧，自己实行"的人才培养模式。

这样的话，改善的文化就无法固定下来。不久之后，意识到错
误的改善推进小组停止了预先指导。即使会花费时间，他们也会等
待现场的员工自己去发现、去思考。如果员工找他们商量的话，
他们会给予指导，但不会直接说出答案。经过这样的"忍耐"之
后，改善活动终于在公司内稳定开展。要想让下属拥有发挥智慧的
能力，上司绝不能提前告诉下属答案，下属自身也要学会"自我
思考"。

为了培养用智慧工作的下属，上司对于下属的疑问和问题等，
不要直接告诉他们正确答案，而是要让他们学会自己思考，这一点
是十分重要的。但是，即使不告诉下属正确答案，在下属和自己商
量讨论的时候，也要和他们一起思考。通过"让他们自己寻找答
案"，让下属成长为有智慧的人才。此外，下属自身在越是想要早
点知道答案的时候，就越要学会忍耐，用自己的头脑去思考。

前辈员工（上司）和新人员工（下属）的关系

前辈员工
（上司）

在教导新人时所获得的东西

通过教导新员工，再次确认基本事项；确认自己的智慧；通过讨论，和下属共同思考，发现新的改善点；通过给新人布置工作，自己承担更高级别的工作

上司的行动指南

不断地给新人布置工作；不轻易指导，让他们自己思考；经常问"为什么""为了什么"

新人员工
（下属）

下属的行动指南

学习前辈（上司）的工作和思考方式；通过实践，积累经验；经常思考"为什么""为了什么"；按照自己的方式思考

通过学习而获得的东西

通过思考"为什么""为了什么"而不再做无用的工作；了解创意的乐趣；拥有思考的能力；拥有自信和责任感

05

循序渐进地迈上智慧的阶梯

有一种说法叫"1万时间法则"，是指无论在体育、艺术还是商业领域，只要坚持1万小时，就能成为该领域的专家。

当然，只花费1万小时是不够的，要想达到超一流的水准，还需要付出更多的努力。但至少，要想达到某一高度、有所成就的话，就要从最基础的开始，花费一定的时间，不断积累。这和积累"智慧"的道理一样。

要想拥有能够发挥智慧的能力，最重要的就是拥有"循序渐进地改善"这一"丰田式"的思考方式。"丰田式"改善的推进方法如下：

①最开始是劳动改善，其次是劳动改善，然后还是劳动改善。

②在此基础上，为了能做得更好而进行最小程度的设备改善。

③最后着手于布局变更等工序的改善。

对于这种费事的做法，企业中不乏这样的声音："就把'丰田式'作为理想模板，一下子全变过来不就好了。"确实，在变化速度飞快的时代，不断重复更改劳动模式，然后再进行设备改善和工序改善的做法过于浪费时间，但一步一步来才能发挥员工的智慧，形成一个有竞争力的现场。至于原因，大野耐一先生曾经这样说过："先进行劳动改善。在劳动改善有了一定成果之后，如果发现机器不太好，而换一个好的机器就可以提高生产率、提升品质的话，就更换好的机器。但如果一开始就更换好的机器，那么没有改善能力的员工是无法好好使用机器的。改善也是有顺序的。"

所谓"改善也是有顺序的"，就是不断进行劳动改善，如果能够拥有最大限度发挥机器能力的改善力，即使是引入新的机器，也可以很好地使用。这就是"将人类的智慧赋予机器"，这和培养有智慧的人息息相关。

还有一个原因是，如果一开始就投入大笔资金进行改善的话，一旦进行得不顺利，即使知道失败了，也会因为投入了太多的资金而很难重新开始。另一方面，在几乎没有投入资金，只是发挥智慧进行劳动改善的情况下，即使进行得不顺利，也可以想着再把某个地方稍微改一下，从而进行比较简单的改变。

改善是有顺序的。最初从不花费金钱的小的改善开始，随着改善的成果慢慢定型，再开始进行大的改善。这就是进行改善的秘诀，也是引导大家发挥智慧的秘诀。这样日复一日地进行改善会培养出什么样的人呢？对此，张富士夫先生这样说："在培育人才的时候，要不断提高目标。从'改变这个生产工序'到'改变这个生产线'，再到'改变这个工厂'，最后是'使公司盈利'。随着问题一个一个被解决，问题的难度也在慢慢提升。因为我在大野耐一先生手下经过训练，所以现在即使再被要求'重建那个赤字公司'，我也不会慌张。"

人们经常只会看重结果，但在获得结果之前，需要不断积累改善、失败和成功的经验。从小的改善开始，一步一步向大的改善转变，如此才能锻炼改善能力、磨炼智慧。

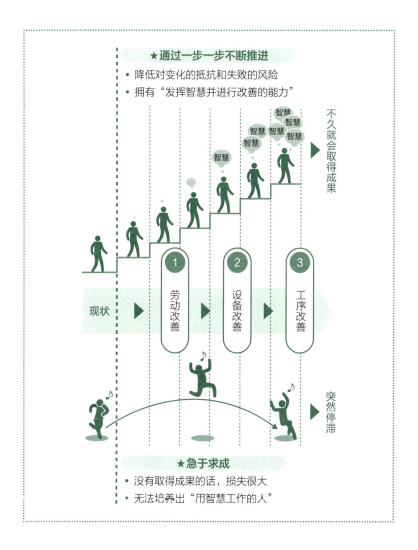

★通过一步一步不断推进
- 降低对变化的抵抗和失败的风险
- 拥有"发挥智慧并进行改善的能力"

智慧

智慧
智慧
智慧
智慧
智慧

不久就会取得成果

现状

① 劳动改善

② 设备改善

③ 工序改善

突然停滞

★急于求成
- 没有取得成果的话，损失很大
- 无法培养出"用智慧工作的人"

06

员工的意见与专家的意见同样重要

在工作中，会有不借助专家的力量就无法完成的事情。例如，有时需要借助律师、注册会计师的力量。如果是与计算机有关的工作的话，就要借助系统工程师、程序员的力量。这些专家的力量十分重要。

在借助专家的力量时，会有人不经意地说出"我自己是外行""我没有专业知识"这样的话。虽然可能是"因为自己不是专家"而说出的客套话，但如果不能言之有度的话，就会任由他人差遣。所以，我们要特别注意这一点。

综合信息公司Bloomberg的创始人迈克尔·彭博是在离开他

工作了15年的所罗门兄弟（Salomon Brothers）公司之后开始创业的。虽然他很喜欢工作，也做出了一番成就，但由于和所罗门兄弟公司发生冲突而决定离职。他认为，比起被雇用，我更想振兴公司。于是，他开始创业。在思考"做些什么"时，迈克尔·彭博注意到，有比自己熟悉证券业务的人，也有比自己熟悉计算机系统的人，但是没有对这两者都精通的人。即使是数学的外行人，他还是想到了能够提供信息分析软件的商业模式。

虽然在证券界也使用计算机，但对于不擅长使用计算机的证券界人士来说，计算机绝不是一个易于使用的工具。因此，如果能把高级的系统转变为谁都可以轻松使用的工具的话，绝对会大受欢迎。这是迈克尔·彭博的设想，而且他也真的因此大获成功。

在这世上，有许多计算机系统的专家，但他们并不是自己所负责领域的专家。换言之，即使他们发明出来的东西是"好东西"，对于自己公司来说也不一定是"最好的东西"。重要的是，不要强行让公司去适应发明出来的"好东西"，而是赋予其业界专家的智慧，使之成为更便宜、更易于使用的东西。

践行"丰田式"的B公司为实现"丰田式"的订货生产，最开始选择委托专家来帮忙建立相关系统。但在系统建成后，却发现有许多操作不便的地方。B公司若想在不修改系统的情况下顺利进行操作的话，就必须将自己原本的操作方法按照系统的设计来进行调整。

但是，这样一来就无法完全实现公司所期待的制造方法。既然想做的事情已经十分明确，就必须将系统改造为能够很好地完成工作的系统。因此，B公司的领导决定，停止"委托别人制造东西"，将熟悉计算机的人和新员工组成小组，充分发挥双方的智慧，制造出适合自己公司的、易于使用的东西。

最初，新员工有些胆怯地说"我对计算机并不十分了解"，但在领导说了"你们虽然不是计算机专家，但你们是我们公司的专家"之后，他们也开始积极地发表自己的意见。后来，开发进行得很顺利，并成功地以低成本制造出了易于使用的产品。

从那以后，B公司的员工会对购买来的机器、工具等赋予自己的智慧，有时B公司的员工也会从零开始自己制造工具。员工越是发挥智慧，企业就会变得越强大。

专家的知识固然重要，但并不意味着可以因此完全听凭于专家，因为专家并没有你熟悉自己的工作。我们应持有这种自信，学会给专家的知识赋予自己的智慧。这样才能很好地完成工作。

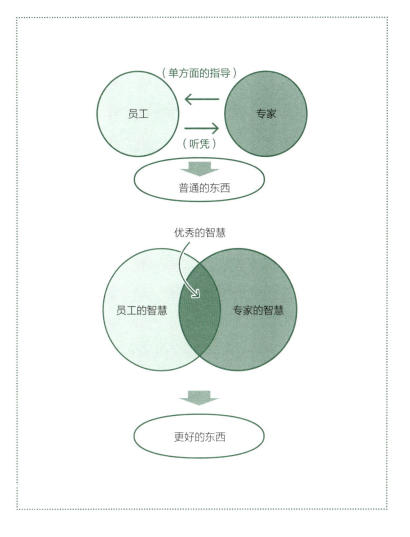

07

培养充满智慧的下属的方法

谁都知道在工作中发挥智慧的重要性，但并不是只要上司对下属说"再发挥一些智慧""再思考一下"，就可以培养出有智慧的下属。

要想使下属发挥自己的智慧，不仅需要下属本人的努力，上司使用下属的方法和培养下属的方法也至关重要。

作为一个团队，要想取得成果，上司所发挥的作用至关重要。要想成为一名优秀的上司，需要有统领团队的能力、执行课题的能力，但"丰田式"的上司还需要有培养下属的能力。因此，给下属分派工作，引导下属发挥其自身能力是必不可少的。但在现实

中，也有这样的人，他们不给下属分派工作，只会对下属说"跟着
我干"。

虽然这样的人有时也让人觉得值得信赖，但有些经营者认为这
种独裁型的管理者是无法培养出人才的。例如，松下的创始人松下
幸之助先生就是这样认为的。松下先生说："10个人的力量比1个
人的力量强大。团结10个人的力量是非常重要的。"

松下先生认为，无论是多么有才能的人，单凭自己的力量是有
限的。不要过于相信1个人的力量，而是要积聚大多数的力量，指
导下属。只有这样，上司和下属才能更好地完成公司的工作。

独裁型的上司动辄就会说"跟着我干""听我的"，与此相对，
放手不管型的上司总是自己什么也不考虑，就把所有的工作交给下
属。虽然说得好听点儿是"因为信任你，才把工作交给你"，但实
际上也可以说他们放弃了自己作为上司的职责。

对于这种放手不管型的上司，大野耐一先生曾经这样说道：
"我认为，在率领许多下属时，最基本的不是指示或者指导下属，
而是和下属进行智慧上的比拼。我经常说，在给下属下达命令或指
示的同时，上司自己也要好好想想该怎样完成自己所下达的命令或
指示才好。"

但是，许多上司却自己什么也不想，"既然你们是专业的，就

好好想想这件事情该怎么做吧",把事情全权交给下属去做。这种做法说得好听点儿是"因为信任你们所以才交给你们去做",但大野耐一先生认为,如果上司自己什么也不考虑就把工作完全交给下属去做的话,一旦下属说"我怎么也做不好",上司也没办法给出合适的建议,就只能说"既然这样的话,那就没办法了"。

这样的话,下属就会想:"什么嘛,我的上司什么也不考虑。"然后下属也会跟着上司学,在遇到难题的时候,轻易放弃发挥自己的智慧。为了避免出现这种局面,上司在下达命令的时候也要和下属一起思考、一起烦恼。这样一来,上司就可以为困惑的下属提供合适的建议,也可以鼓励受到挫折的下属"让我们一起想想该怎么做吧。"

这就是所谓的"在下属的智慧上加上上司的智慧,就可以产生更好的智慧"。正因为如此,为了引导下属发挥智慧,需要上司自身以一种"和下属比拼智慧"的态度来面对。只有上司表现出一起思考的样子,并给下属提供合适的建议,下属才能成长为"发挥智慧工作的人"。

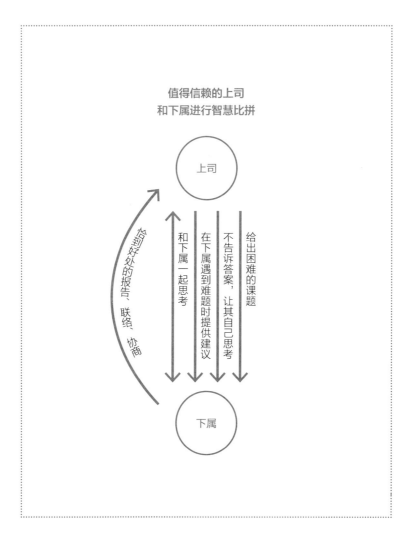

值得信赖的上司
和下属进行智慧比拼

通过发挥智慧，能力可以无限扩展。

第 2 章

正因为"很难",所以
才能发挥智慧

08

正因存在不足才能发挥智慧

你 在工作的时候应该会遇到这种情况吧？感叹着"要是时间再多一点儿就好了""要是预算再充足一些就好了"。"不够"确实是一件很让人烦心的事情，但假设所需要的东西都能得到满足，也不一定就是一份完美的工作。

创立了皮克斯公司的艾德·卡姆尔在年轻的时候，被喜欢动漫的人聘请，就任计算机绘图研究所的所长，在非常优越的环境中从事动漫电影的制作。

高价的机器、优秀的人才、得天独厚的环境，在这种条件优越的公司里工作的卡姆尔，把"成为迪士尼"作为自己的目标。然而,他创作出来的作品却让动画制作人觉得浪费了自己的时间。

这个悲惨的经验告诉了卡姆尔一个严峻的事实,那就是:并非有钱就万事大吉;只拥有先进的机器也是不够的。后来,卡姆尔遇到了约翰·拉塞特和史蒂夫·乔布斯,他们在财力、人力和时间等方面都无法与之前相提并论的严苛环境下,创作出了引发动漫世界革命的《玩具总动员》。正如有句话所说的那样:"有制约才能刺激创造。"在人力、物力、财力都充足的情况下,也不一定能创作出最棒的作品。在制约中产生的创作,才能散发出最美的光辉。

为"丰田式"奠定了基础的大野耐一先生常说的一句话是:"人不苦恼就无法发挥智慧。"在人力、物力、财力都具备的环境中,是无法创作出能与世界相抗衡的优秀作品的。在困惑中想着"如果不做点什么的话就完了",然后拼命努力,发挥智慧才能创造出最好的产品。这是大野耐一先生的想法。

以前,在丰田旗下公司工作的C先生在担任科长时,被任命为大幅削减某汽车生产成本计划的领导。C向大野耐一先生提出,引进最先进的机器人的预算额为5.6亿日元。大野先生却这样回答:"可以啊,但是要去掉一个零。"

C的提案是按照当时的情况提出的,绝不是毫无道理的。但大野耐一先生却要求去掉一个零,用约5000万日元拿下。虽然当时的丰田拥有充足的资金,但大野耐一先生却敢于说出"去掉一个零",从而使C必须发挥自己的智慧才能完成这件事。

C为此苦恼了好几个月,就在他觉得"没办法了"的时候,突然,一个完美的想法闪现在他的脑海中。那就是,不设计专门的工序,而是和别的车共用一部分生产工序。在一条生产线上生产多辆车,这在当时可以说是一个划时代的创意。在C的想法付诸实施之后,生产一辆车所用的时间得到了大幅缩减,生产成本也达成了预期目标。所花费的费用真的"少了一个零"。

遇到"苦恼"的事情之后,才能发挥出自己的智慧。在面对确定的预算时,试着想一下:"不能减半吗?""如果去掉一个零会怎么样?"

在"丰田式"中,有这样一种说法:"改善是智慧和金钱的总和。"如果花费过多的金钱,就会无法发挥智慧;如果对金钱加以限制的话,反而会产生智慧。

若拥有足够的人力、物力、财力,智慧难以产生

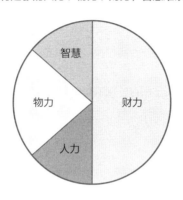

人力、物力、财力不足时,会产生智慧

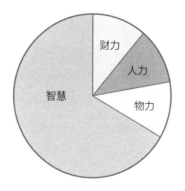

09

与其想借口不如想解决方案

挑战新事物和困难的事物是需要勇气的。因此，相比新的东西，许多人更喜欢已经习惯的做法，喜欢驾轻就熟，在遇到难题时就想尽量避开。

许多人在挑战面前犹豫，是因为他们觉得"不想失败后感到耻辱""不想失败后被上司责骂"。但如果这种心情过于强烈的话，他们就会寻找"有没有可以什么都不做就解决问题的方法"和"不做的借口"。

寻找借口也是需要智慧的。有种说法叫"不能做的借口100种"。头脑好的人很擅长寻找借口，可以什么都不做就解决事情。

但是，智慧本身并不是为了寻找借口而存在的，而是为了思考"怎样才能做到"而存在的。这是"丰田式"的思考方式。

以前，有一名丰田员工D，上司给了他一个很难的课题。D虽然在当时就发现了这个课题很难，但依旧非常努力地去寻找解决问题的对策。但是，无论他如何努力，都无法找到解决问题的对策。在第二天傍晚，他对上司说："我怎么都做不到。"上司说："我再给你一天时间。"于是，上司又给了他一天的宽限时间。苦恼不已的D和许多人讨论了这个问题，但得到的回复都是"不可能做到"。D觉得这样下去的话还是不行，于是他又找到上司，向上司列举了5个无法做到的理由，并向上司说明他真的做不到。因为D觉得，这样的话，上司应该就能理解他的处境。但上司的回答却出乎意料。上司说："我知道了。那好吧，那我就去拜托其他人来做这件事。"

上司也充分理解这个课题的难度。但事实是，如果不解决这个课题，就会使现场的人一直处于困境之中。在这种时候，不管说出多么完美的不能做的借口，也没有任何实际的用处。在上司看来，重要的是，做不到也有做不到的解决办法。即使只能有一丁点的改善，也要尝试去寻找方法，哪怕让现场的人能够轻松一点儿也好。

第二天，上司向心情低落的D打招呼说："让我们一起来想想办法吧。一起想的话，总会有解决办法的。"

在问题面前，无论说出多么完美的借口，都无法解决问题。与其把智慧用在想借口这件事上，倒不如好好想想该怎样才能把问题向着解决的方向推进。

几天后，D终于想出来一个改善方法。虽然那绝不是一个完美的办法，但实行之后可以进一步发现需要改善的地方。想到办法，然后实行，在这个过程中再发现问题，然后再想办法，再实行，不断重复这个过程之后，D终于漂亮地解决了难题。如果一开始就因为"做不到"而放弃的话，就不会有最后的成功了。

丰田原社长丰田英二曾经这样说过："一旦说了'做不到'，在那之后即使重新考虑，寻找是否有可以解决的办法，收集到的也都会是'做不到'的相关材料。倒不如先决定'去做'。然后再想'怎样去做'，而不是想'做还是不做'。"

借口可以帮助你避开所面临的难题，但对于正处于困境中的人来说并没有什么用。在面临难题时，不要先寻找做不到的借口，而是要决定"去做"。这样的话，你就可以拼命思考"怎样才能做到"，由此便可以产生智慧。

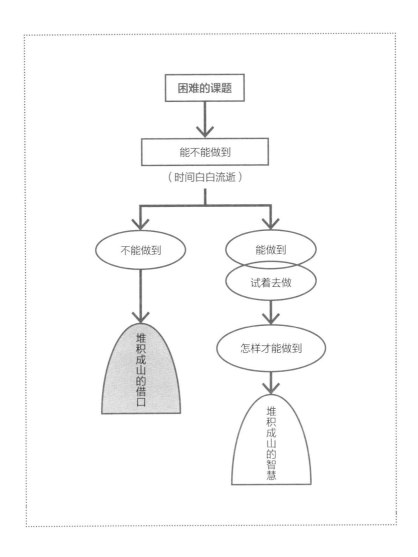

10

挑战难题才能发挥智慧

在工作时，限制条件之一就是"时间"。时间对于每个人来说都是平等的，能否巧妙地利用时间、不浪费时间，这关系到最终的工作成果。

因此，之前需要3天才能完成的工作能否用1天完成？需要8小时才能完成的工作能否缩短到4小时来完成？如果我们能发挥智慧来解决这些事情，就会直接改变事情的结果。

以前，大野耐一先生曾提出把冲床的金属模具替换流程缩短到3分钟以内这种难题。在昭和四十年（1965年）初期，冲床金属模具的替换需要2~4小时。即使对于当时的大众汽车公司来说，把2

小时缩短到3分钟以内也是一个无比棘手的难题。

替换流程有使机器停止运行然后进行的内段处理和可以在机器运行时进行的外段处理。丰田的员工将内段处理和外段处理清楚区分开，在进行了超过100次的改进实验之后，终于成功地将时间缩短到了1小时以内。但大野耐一先生却要求再进一步。

如果漫不经心地致力于问题的解决，是无法产生智慧的。在"丰田式"中有这样一句话："不感到苦恼，就无法产生智慧。"但是，"3分钟"可以说是让人极度苦恼的事情了。但这并不仅仅是大野耐一先生的任性。如果不能缩短替换流程的时间，"丰田式"的理想就无法实现。这是"万不得已"的苦恼。

这个苦恼成为产生智慧的原动力。丰田的员工灵机一动，如果把内段处理彻底从外段处理中移除的话，或许就能在3分钟内完成。他们考虑在换掉各种刀具和金属模具时，使用用手碰一下就能完成的轻触流程，结果果然在3分钟之内就完成了。为什么能够完成这样的事情呢？让我们回头看看。

如果当时大野先生没有要求员工在3分钟之内完成替换流程的话，也许就不会有这个创新的想法了。

如果遵循当时一般常识，认为替换流程大概需要2小时的话，那么把2小时缩短到1小时就会十分满足了。实际上，当时的丰田员工也是这样想的，他们对于自己所完成的改进十分满足。

但正是因为有了"在3分钟内完成"这个超越常识的要求，丰田的员工才得以充分发挥智慧，把不可能变为可能。对于这种丰田文化，大野耐一先生的弟子之一林男八先生是这样解释的："登山家是因为有山的存在才会去攀登。改善也是同样的道理。正是因为有了十分棘手的难题，才会想要去改善。但是，这并不是自然而然发生的。如果企业没有不断抛出难题的文化，就没有改善的机会。只是喊着'加油，加油'是不行的，问题是能让员工苦恼到什么程度。"

不感到苦恼就无法激发智慧。在直面真正让人苦恼的事情时，人们就会激发出自己也未曾想过的智慧。在一个月加班几十个小时的人当中，有没有以加班为前提工作的人呢？对于认为加班是件好事、加班是理所应当的我们来说，减少加班时间是不可能的。

比如说，一旦决定这个月加班20个小时以内的话，就想着一定要在这个时间内完成。同样地，如果是需要一周时间工作的话，就试着让自己苦恼一番，想一想"一天能不能完成"；如果是需要3小时完成的话，就试着让自己苦恼一番，想办法在1小时内完成。有了这种时间上的限制，才能激发出智慧。

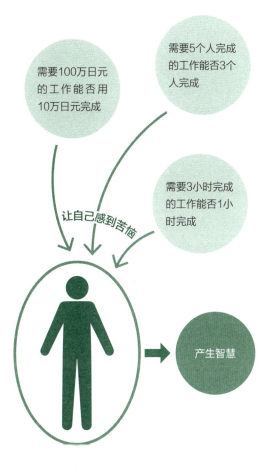

11

经验和知识储备太多时，
反而会难以发挥智慧

谷歌（Google）的创始人拉里·佩奇曾说过这样一句话："没有经验，有好处也有坏处。"佩奇在他读研究生的时候创立了谷歌。他在完全没有社会经验的情况下开始创业，将谷歌发展成为世界上屈指可数的IT（互联网技术）企业。佩奇认为，他之所以可以取得这样的成就，是因为他没有多余的经验和知识储备。他这样说道："因为我们没有知识储备，所以才能勇于尝试和之前不同的做法。"

经验和知识储备是很珍贵的东西，但如果过于依赖它们的话，在想尝试做某事时，就会非常轻松地判断出能否做到。这样的话，就会缺乏挑战力。佩奇害怕这种副作用，所以他将经验和知识储备的欠缺转化为大胆尝试与挑战，结果取得了巨大的成功。这个道理对于日常的工作也是一样的。经验是十分珍贵的东西，但如果仅仅依靠经验来判断的话，在面对新事物时，可能会在一开始就觉得根本做不到，然后失去挑战的欲望。

曾经，大野耐一先生在丰田巴西工业电子有限公司的工厂中有过这样一个经历。这个工厂本来1天只能生产2辆车，但大野耐一先生想让这里的员工们1天生产十二三辆车。因此，他从丰田叫来几名指导员，把他们送进了这个工厂里，并对他们说："不管怎样，先突破10辆车。在能够1天内生产出13辆车之前不要回来。"

到现场去的指导员把大野耐一先生的原话告诉了在工厂工作的员工，结果从丰田创业开始就一直在这里工作的老员工听了之后惊呆了，甚至辞掉了工作。这位员工辞职的原因是，从丰田开始创业到现在的13年里，都是1天只能组装2辆车，现在突然要求1天组装8辆、10辆、13辆的话，他的身体根本受不了这样的劳动强度，实在无法胜任。

也许会有人认为增加人手的话，就可以增加每天组装的汽车数量。但是，大野耐一先生想要的是，在不增加人手的情况下，增加每天组装的汽车数量。当然，仅仅依靠劳动力是不行的，还需要进行许多方面的改善，比如通过生产各种工具等来实现组装车辆数量的增加。但即便如此，对于已经习惯1天生产2辆车的老员工来说，这依旧是一个不能实现的数字。

因此，在没办法的情况下，指导员们雇用了没有经验的外行人，并要求他们1天组装8辆车。结果，指导员们惊奇地发现，他们竟然在组装完8辆车之后还有剩余时间。经过这件事，大野耐一先生觉得，没有经验和先入为主的想法是十分重要的。人一旦有了丰富的经验和先入为主的观念，就会在开始做某事之前预判能否做到，因此就不会真正开始付诸行动。相反，没有先入为主的观念的人不会犹豫是否开始行动，反而会取得意料之外的好结果。回头想想，确实是这样的。

如果觉得自己可以做到，就一定会努力去做到。但如果觉得自己做不到，那么即使是本来可以做到的事情，也变得没办法完成。

工作也好，运动也罢，如果在精神上认输的话，迄今为止都能够做到的事情也会变得无法完成。大野耐一先生经常对丰田的员工说："让自己成为一张白纸，然后再去观察事物。"这实际上是大野耐一先生希望自己的员工能够不被经验束缚，舍弃先入为主的观念，认识到单纯地观察事物的重要性。

经验是把双刃剑。重要的是，不要依靠经验去判断自己能否做到，而要保持一种不断尝试的姿态。觉得自己"做不到"是无法产生智慧的，只有在决定"尝试一下"之后，才能发挥出"可以做到"的智慧。

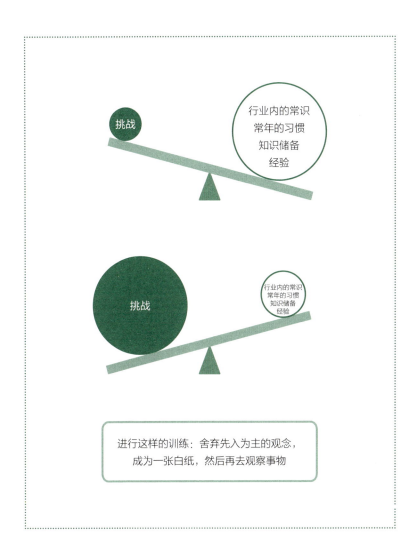

挑战

行业内的常识
常年的习惯
知识储备
经验

挑战

行业内的常识
常年的习惯
知识储备
经验

进行这样的训练:舍弃先入为主的观念,
成为一张白纸,然后再去观察事物

12

不要因为太难而放弃，
把它当作梦想来考虑

与美国的汽车相比，丰田汽车耗油量少、品质好、价格低，因此在美国大受欢迎也是理所应当的。丰田作为生产经济型汽车的制造商，也有着生产德国奔驰和宝马的豪华车制造商所没有的烦恼。

为解决这个烦恼，雷克萨斯应运而生。丰田开发雷克萨斯的动机是，通过生产不输欧洲的豪华车，打造作为豪华车制造商所必需的新的企业形象。

铃木一郎先生被任命为主要调查人。铃木的目标是，丰田所生产的豪华车要在驾驶性能等汽车的基本性能方面超越梅赛德斯-奔驰。铃木希望丰田所生产的豪华车能同时兼备卓越的驾驶性能和出色的外观，但其实这两者很难兼得。

行驶速度快的车需要减少空气阻力，减轻车体重量。但豪华车所追求的是安静的车内环境，要想实现这一目标，就必须增加车体重量。或者说，若想追求豪华车一样的优雅风格，就要使空气阻力变大，这样一来就没办法追求速度。

开发雷克萨斯时所面临的就是这样两个矛盾的命题。在这种时候，一般人都会选择其中一个，或者让两者都有所妥协，但铃木在面对这两个矛盾的命题时，选择了能同时解决这两个命题的"扬弃"。

当然，这对于开发团队的成员来说压力很大。身处运动型汽车的制造团队和豪华车的设计团队之间，丰田员工E不断重复制造了很多汽车模型，却又无数次地回到了原点。于是，E对铃木说："我真的已经绞尽脑汁了。我觉得现在只能放弃了。"但他却没想到被铃木这样训斥了一番："再想想办法，这种事情怎么能就这样放弃呢？我们现在只有你了。拿出自信来，再试试看。"

在面对两个矛盾的命题时，大多数人会从中二选一，或者让两者都有所妥协。但铃木却主张不妥协。上司绝不放弃的话，下属也只能拼尽全力去发挥自己的智慧。结果，员工们发现了新的解决对策，那就是不再遮挡发动机的声音，而是直接开发静音的发动机。于是，雷克萨斯在美国大获成功。

在遇到并不能一眼看穿答案的难题时，大多数人会在一开始就想要逃避，或者稍微思考一下觉得"做不到啊"就放弃了。这样的话，是不可能激发出解决问题的智慧的。就像铃木对员工E所说的不能轻易放弃，在某个降低汽车成本项目里工作的F，也从其他上司那里得到了类似的激励："把它当作梦想来考虑吧。"

事实是，在绞尽脑汁思考了几个月之后，F终于想出了解决难题的办法。在面对难题时，现在想不出答案，并不意味着永远都想不出答案。在面对难题时，不要妥协，不断发挥自己的智慧，这样才能想出之前谁都没有想到的办法。绝对不要妥协，绝对不要轻易放弃，这是产生智慧的动力。

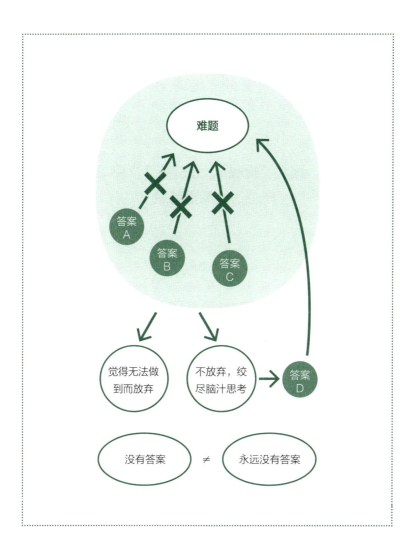

13

比起"捷径",在"跋涉"中
产生的智慧更有意义

位足球选手曾经这样说过:"在能够想到的所有比赛中,永远选择最难的那个。"在这位选手看来,选择困难的比赛才有挑战的意义,才能有所成长,能够享受足球本身是比什么都重要的。这也是他被全世界的球迷所爱戴和尊敬的原因。

"不感到苦恼就无法产生智慧"。丰田可以说是经常在各种制约和困境中通过发挥智慧而不断发展的。

苦恼的情况有很多种:没有钱,没有时间,没有人力,没有物力。在这种一无所有的情况下,"丰田式"的做法是发挥智慧,"想办法创造出好的东西"。在这些"苦恼"和"制约"中,最让人头疼的就是"由市场决定需要的数量"。

在生产产品时,本应该由生产者决定生产数量。但"丰田式"的基础就是"由市场决定需要的数量"。"需要的数量"是指在市场出售的数量。只生产在市场能够卖出去的数量,这也是提倡更好、更快、更便宜的"丰田式"的基本理念。

实际上,这是十分困难的事情。丰田所参考的福特体系只大量生产黑色T型福特这一种车,福特通过大量生产这一种车型来降低价格,从而取得成功。之后,福特式的大量生产方式成为生产产品的模板。这是因为生产商们认为,集中大量生产可以降低成本。

同时,"丰田式"认为最大的浪费就是生产过剩。也就是说,无视市场的销售量和销售种类,为了生产商的方便,大量生产产品的话,确实会节省成本,但这是以生产出来的产品能够全部售空为前提的。反之,如果产品不能全部售完,就会造成浪费。在这种情况下,就不是"有库存"了,而是"让人感到负担的库存"。因此,丰田的做法是,不要大量集中生产,而是根据销量,在必要的时候,按照所需的数量,生产所需要的产品。

这在道理上是讲得通的。但是,虽说低成本大量生产并非难事,但丰田希望不仅能在需求量多的情况下做到低成本生产,在需求量少时也可以尽可能地做到低成本生产。这其实是很难的。大野耐一先生认为这其中的难点如下："世界上大概有几十人、几百人可以做到在需求量增加的情况下，提高生产率和效率。在丰田中，也有许多车间主任可以做到。但是，应该没有人能够在需求量减少的情况下提高生产率。所以，即使能多出一个这样的人，对于企业来说都是莫大的帮助。"

即使是同一种产品，生产量减少的话，生产单个产品的成本就会上升。虽说如此，也不能对顾客说"因为生产量减少了，所以请高价购买"。作为企业，必须想办法让生产量减少的产品在保持售价不变的情况下，尽可能地盈利。这是非常困难的事情。大野耐一先生也指出：人们都喜欢销量好的产品，很多员工并不愿意在产品需求量低的情况下发挥智慧。另一方面，他也认为：正是因为有不得不进行改善的需求，才有改善的意义。

谁都想从事成功率高的工作，几乎没有人喜欢成功率低的工作。但是，能够发挥智慧并使之成长的，恰恰是成功率低的工作。勇于挑战困难，在一筹莫展中努力发挥自己的智慧，这就是丰田取得成功的方程式。

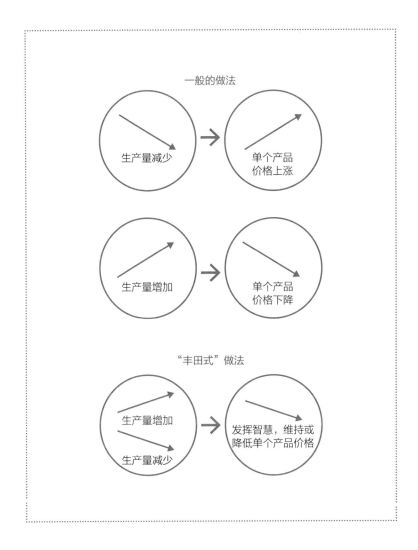

14

不要轻易依赖他人，
自力更生才能孕育智慧

在面对难题，无论如何都无法凭自己的力量解决时，大多数企业会选择借助外力。也就是把难题交给外面专业的公司来解决，或者花钱购买技术、知识、情报等。这种做法不仅效率高、风险低，而且可以节省时间。当然，这是正当的做法，是无可非议的。

唯一让人担心的一点是，如果过于依赖借助外力，就无法培养出属于自己的智慧。因此，丰田的原会长丰田英二先生常说："要在自己公司内部解决问题。"

不仅仅是丰田，对于日本的汽车制造商来说，将"危机"变为"转机"的是如何应对美国（马斯基法案）以及日本的汽车尾气规定。在对汽车尾气的规定越来越严格的情况下，汽车制造商认为，即使达到规定的要求，但如果汽车的性能因此而降低的话，是毫无意义的。

此外，如果由于规定而导致汽车价格大幅度上涨，就不会有人来买车了。

在这种情况下，当时美国的汽车三巨头想出的办法是拖延规定的实施时间，而日本企业则是想办法生产出符合规定的汽车。

面对严格的汽车尾气排放规定，丰田英二作为当时丰田的领导，一直对丰田的技术人员说："我们要在自己公司内解决问题。"在当时，丰田有许多精通机械的专家，但迫切需要的却是精通催化剂等化学领域的专家。这时，丰田中央研究所的松本清先生对丰田英二提出了一个建议："我们可以委托给精通催化剂的生产商，如果这样还不行的话，就向他们购买催化剂的专利技术。"但丰田英二的回答依旧是："我们要自己解决问题。"其理由如下："如果在关键技术上依靠或委托给外界的话，一旦发生紧急情况，我们就会十分被动。但如果我们自己拥有关键技术的话，就可以想办法解决。丰田如果将自己不了解的事情委托给旁人，就一定会承担风险。"

丰田英二认为，虽然催化剂的专业生产商对于"催化剂"有足够的了解，但他们在汽车技术领域却是外行。与其从零开始教他们汽车相关的知识，倒不如让精通丰田汽车的技术人员从零开始学习催化剂的相关知识。这样做反而更快，而且从长远来看，这对于丰田和丰田的技术人员来说都是一笔财富。

松本清先生听了之后，说"我会赌上技术人员的自尊心尽力尝试。"结果，丰田利用三元催化剂方式，在1977年发售了符合日本昭和五十三年（1978年）规定的汽车，这意味着丰田在截止日期之前成功地开发出了符合规定的全部车型。

丰田内部的技术人员不辞辛劳地发挥自己的智慧，生产出的燃耗少的车，不仅正好符合了当时石油危机之后的世界潮流，而且节约了汽车运行成本，丰田汽车也因此在世界各地畅销。

在想要解决难题的时候，如果向外界购买知识的话，自己公司内部就会因此而难以产生智慧。不要因为很难，就轻易依赖外援，而应该绞尽脑汁地思考，发挥自己的智慧。要想培养出有智慧的人，这种态度是十分重要的。

本田的创始人本田宗一郎曾经说过："不要依赖别人。"虽然依赖别人是很轻松的，但是双方的意愿并不一定总是相同。一旦被依赖的人倒下的话，那么依赖者也可能会跟着一起倒下。同样，丰田也主张依靠自己，而非依靠他人。虽然依靠自己比较困难，但这样才能更好地理解培养人才、积攒智慧、磨炼技术的真谛。

分类	优缺点	
	优点	缺点
依靠自己	可以提升自己公司的技术水平 可以培养人才 发生问题时,可以自己应对	风险高 花费人力、物力、财力 成长速度较慢
依靠他人	风险低 效率高 无须太多人手 可以依靠外界的智慧	无法培养出自己公司的人才 只能依赖别人 不能掌握技术 成败取决于对手

如何以低成本生产畅销的产品？
....
为此，需要大家去思考各种工作方法。
....
这就是丰田的生产方式。
....

第 **3** 章

———

通过观察来发挥智慧

15

构建容易产生智慧的组织机构

在召开会议时，会议主持或上司问大家"有什么意见吗"，大家通常都会保持沉默，什么意见也不说。更不用说，在问大家"有什么想法吗"或者说"请发挥一下自己的智慧"时，就更没有人会不假思索地说出自己的想法，发挥自己的智慧。

要想引导大家发挥自己的智慧，就需要完善相应的组织机构。

例如，把完美无缺的产品展示给大家的话，即使问大家有什么意见，大家也没有办法说出任何意见，只能夸奖说"真的是一件很好的产品"。如果非要强行说出什么缺点的话，反而会让人觉得是在找茬。

另一方面，对于质量不佳的产品以及不够到位的服务，人们应该会有很多意见和建议。例如，设计方面的问题、价格方面的问题等，可以列举出许多。

"丰田式"引导员工发挥智慧的方法是，将"劣质产品"展示给大家，然后引导大家发挥智慧。

例如，大野耐一先生曾说："在刚开始的时候不要过于严格地执行标准操作。"由于标准操作规定了工作的方式方法，通常要求员工都能按照标准操作工作。但是，如果生产出的产品是完美无缺的，就无法让大家提出"这里应该有所改善""这样做的话可能会更容易操作"之类的意见。

标准操作的目的不是生产出没有任何改善余地的产品，而是让员工在工作的过程中能够意识到各种问题，并且发挥智慧进行改善。但是，也不能因此就胡乱操作，而是不完全严格执行标准操作。这样一来，员工们就会发现哪样做会更好，以及如何做可以更早完成工作。

也就是说，在刚开始时执行不太严格的标准操作，可以汇集大家的智慧，将其改善为更好的产品。

生产汽车也是同样的道理。1992年，吉田健被任命为开发亚洲战略车卡罗拉的总工程师。他向开发团队的成员征求开发低价车的意见，但却没有得到任何回复。于是，他故意生产出极其廉价的破烂车。员工们在看到这样的车之后，发表了许多具体的意见，比如"这个车肯定不行""我希望这个地方能这样修改一下"。于是，汽车的生产终于得以步入正轨。从"最好"开始的话，就无法发挥智慧。但从"最差"开始的话，可以发挥许多智慧，进而得到超越"最好"的结果。

在工作上也是同样的道理。在"丰田式"中有这样一句话："最开始不要以100分为目标，60分就可以了。"如果一开始就以100分为目标的话，只会浪费时间，没有迈出第一步的勇气；如果以60分为目标的话，就会有足够的勇气迈出第一步。当然，也会有不顺利的时候，但这时正是发挥智慧的机会。先去做，然后在发现问题时立刻进行改善。不断重复这个过程，最终就可以达到最好的境界。

要想发挥智慧，不要在头脑中追求完美，而是先尝试去做，使之成形。即使有所疏漏，也是一个契机，可以借此发挥智慧使之成为更好的产品。

智慧对于每个人都是平等的

智慧是在现场遇到问题、思考
对策之后所掌握的

智慧对于每个人都是平等的

◆ 越不发挥智慧的人，越难以发挥智慧
◆ 上司也因此无法顺利引导下属发挥智慧

上司的职责就是引导下属发挥智慧，并把
这些智慧集中在一起，形成优秀的想法。

"丰田式"中
重要的准则

从心底相信人类的智慧，并为发挥
智慧竭尽全力。

16

用眼睛观察才能产生新的智慧

大多数人在被问到是"新的做法"好还是"习惯的做法"好时，都会选择"习惯的做法"。原因是因为大家对于已经习惯的做法很熟悉，知道该做什么，所以比较放心。

另一方面，对于新的做法，即使有人会为我们说明之后该怎么做以及如果这样做会变得非常轻松，但毕竟员工们没有见过也没有执行过新的做法，就会担心万一失败怎么办，或者认为这还需要一定的时间来熟悉。

这种现象在生产现场等地方尤为明显。虽然在生产现场有"到什么时候生产出几个产品"的目标，但是提出员工们不熟悉的新方法还是会让人感到十分不安。所以，即使遭到强烈反对也是没办法的事情。

"丰田式"的模板生产线对于消除这种不安有明显的效果。例如，有10条生产线的话，把其中1条作为模板生产线，在这条生产线上试验新的做法。如果是拥有许多店铺的连锁店，就选择其中的1个店铺来尝试新的做法。

如果突然在所有的生产线上使用新方法，当然会引起混乱，并且遭到强烈反对。但如果只在其中一条生产线上进行试验的话，就可以让其他生产线的员工们亲眼确认效果。

"进行试验"和"亲眼确认效果"，对于发挥智慧来说是十分重要的。我们可以期待两种智慧。一是，在新的生产线上工作，一定会遇到各种问题。员工们可以发现问题，然后发挥智慧，思考解决方案，并将其付诸实践。这样一来，新的生产线就可以汇集许多智慧，并逐渐变得更好。

二是，在周围观察的人也可以发挥自己的智慧。新方法是很难用语言来说明的，但如果亲眼看到别人是怎样做的话，就会很容易明白。观察的人在亲眼看到实际的做法之后就会明白，而且还可以发挥智慧来考虑"这个地方这样做的话会不会更好"。不断积累这样的智慧，生产线就会变得更加完善。

不安来自于不了解，但如果尝试去做的话，在看到成果之后就可以很好地了解，并且还可以产生新的智慧。在导入新方法时，比起一下子全部改变，在模板生产线上先进行试验的效果会更好。

对模板生产线进行彻底的改善，并汇集大家的智慧，可以使生产线变得更加完善。当模板生产线取得一定成果时，再开始在其他生产线尝试使用新方法，这样就可以自然而然地以大家能够理解的形式向新方法转变。

与模板生产线不同，这种使之成形的理念在设计企划案时也是十分有效的。G是电视行业有名的制作人，在他年轻时曾经历过几乎所有的企划案都被否定的时期。有一天，他对前辈诉说自己的烦恼，前辈听了之后建议他试着先使自己的想法成形。于是，他和朋友们一起实际演练、拍摄了企划案的内容，在给参加会议的人看了之后，大家都捧腹大笑。

将想法通过语言传达给他人是一件很难的事情。所以在有了想法之后，最好能使之成形，让大家可以亲眼看到。在这个过程中，会产生智慧和新的想法。

① **如果只想用语言传达的话**
- 不同的人会有不同的理解方式
- 由于没有实物，无法形成具体的印象
- 人们对看不到的东西会感到不安，因此会反对

如果只有语言的话，人们会产生不同的想法

② **使想法成形的话**
- 在实物面前进行讲解的话，大家会更容易理解
- 看到实物之后，会明白是好是坏，而且可以发挥智慧
- 与语言不同，有了实物可以避免误解

看到实物之后，人们会产生同样的想法

17

失败无处不在

在"丰田式"中，最基本的内容是：发生问题的话，就暂停生产线。例如，员工在生产现场工作时，当注意到有瑕疵品被生产出来时，要立刻"暂停"生产线。

这种做法在当时被导入的时候，现场的人根据自己的意愿暂停生产线是一件非常破例的事情。这是因为一旦暂停生产线，就意味着生产也会停止。这样一来，当天的生产计划也会因此而推迟。将这种重要的判断交给现场的一名员工，这对于很多企业来说简直是无法想象的事情。

在许多企业中，即使发现了瑕疵品，也会将其放在一边，然后

像什么都没发生一样让生产线继续运行。即使是与机器异常等问题
有关，也会采取应急措施，尽可能不暂停生产线，或者即使暂停生
产线也会尽可能缩短暂停的时间。

　　这样的话，工作可以井然有序地进行，现场可以像没有发生任
何问题一样完成当天的计划。另一方面，"丰田式"的习惯性做法
是，在发生问题时，即使是很小的异常情况，也要暂停生产线，由
负责人调查问题发生的真实原因，然后进行改善，避免再次发生同
样的问题。

　　为什么有的企业选择不暂停生产线，但丰田却选择暂停生产线
呢？原因是，通过暂停生产线，大家可以察觉到产生了问题。如果
不暂停的话，生产线就会依旧井然有序地进行，谁也不会察觉到产
生了问题。

　　如果注意不到产生了问题，大家就不能发挥智慧解决问题，也
不能使之有所改善。但如果让大家清楚地注意到产生了问题，大家
就会当作自己的问题来思考，从而发挥智慧。无论上司如何强调
"发挥你们的智慧"，如果将问题隐藏起来，员工们看不到是什么
问题的话，就无法发挥智慧。相反，如果能够清楚地看见问题，员
工们就会把它当作自己的问题来思考对策、发挥智慧。

　　"丰田式"这种发生问题时暂停生产线的做法，不仅可以改善

生产线，避免再次产生同样的问题，在生产过程中提升品质，还可以激发员工们的智慧。

某公司的领导将"丰田式"这种"不隐瞒瑕疵，让大家看到"的做法应用到了平时的工作中。他给予新员工的建议就是：失败的时候就大喊一声"我失败了"。

不仅是新员工，无论是谁在工作中失败时，都会觉得难为情，并且不想被训斥，因此就会想要隐藏自己的失败，试着自己去做一些事情来挽救，但反而会因此出现更大的差错。就算一时能够隐瞒自己的失败，不久之后还是会造成更大的失败，到那时就没办法依靠自己的力量来解决了。

为了避免这种局面，失败时就大喊一声"我失败了"。这样的话，身边的前辈就会来帮忙。虽然前辈可能会说"你到底在干什么""你太笨了"，但是同时他们也会发挥智慧帮助出错的员工。

重要的是要将失败以及发生的问题展示在大家面前。在"丰田式"中十分有名的"可视化"，就是让大家看到问题，然后发挥大家的智慧来解决问题。

看不到问题的话就没办法发挥智慧，看到问题之后才能发挥大家的智慧。

为什么要实行"可视化"呢?

如果看不到问题的话……

单纯的精神论

如果可以看到问题……

产生智慧

18

把论点明确的报告
简短地写在一页A4纸上

某个践行"丰田式"的企业对于业务部门的浪费进行了分析，所列举的有关浪费的内容如下："文件积压""文件重复""总是选取不能有效利用的数据"。

随着这种浪费现象不断被列举出来，有人甚至认为制作文件本身就是一种浪费，文件的制作、阅读和传阅会导致一系列的时间与精力的浪费。

有人指出，造成公司判断速度低下的原因之一就是文件过于繁杂。他认为，为了做出某个判断，需要阅读大量文件。如果文件内容难以理解的话，阅读冗长的文件就会变得非常麻烦，从而会延长做出判断的时间。

总之，内容过长的文件，不仅会浪费文件制作者的大量时间和精力，还会剥夺文件阅读者的时间和精力，可以说几乎没有任何益处。关于庞大的资料制作，通用电气（GE）的前首席执行官杰克·韦尔奇曾这样断言："顾客完全不了解企划书的事情。就算花费几个小时的时间准备幻灯片中的图表，市场也完全不会注意到这一点。倒不如去公司外面做生意。"

就算制作出几十张精美的图表，就算制作出像"书"一样的资料，也和做生意没有任何关系。重要的是能够制作出一眼就能看到重要信息，并立刻做出判断，确实能传达想要传达的事情的文件。

曾经，一篇名为《支撑丰田产品开发的组织能力》的论文被投稿到《哈佛商业评论》（*Harvard Business Review*）。在这篇论文中，引人注目的是，丰田要求将重要信息集中写在一张A3纸上，因此，丰田做出的判断都十分迅速、高效。

当然，将重要信息集中写在一张A3纸上（现在是一张A4纸）绝非易事。如果用许多张纸来写的话很简单，但如果要将问题要点、提案、效果等在一张纸上一目了然地总结出来，需要花费很多时间和精力。如果对问题没有足够了解的话，根本就没办法做到。

在"丰田式"中有这样一句话："资料是否变成了堆积的废纸，

让人窒息。"

即使本人拼命努力地想制作出一份好的资料，但如果资料的内容艰涩难懂，论点对于阅读资料的人来说很难理解的话，那就只是一堆废纸而已，很难得到阅读者的认可。

制作、阅读"堆积的废纸"，不是浪费是什么呢？

制约是产生智慧的契机。和时间、金钱一样，"一张纸"也是同样的道理。如果让员工把他想说的都写在纸上的话，员工就会把自己想写的全都写下来，不会在意写了几张纸。但如果要求员工在一张A4纸上写下通俗易懂的要点，他就必须认真思考自己到底想说什么和应该怎么写。这种做法可以让员工学会自我思考，发挥智慧。

"一张A4纸"这一制约条件，对于丰田来说，不仅可以提升传递消息和做出判断的速度，而且可以帮助每一位员工更好地利用自己的智慧去思考问题和传递消息。

当有了新的想法时就写在"一张A4纸上"，这应该会成为一种很好的训练思维的方式。

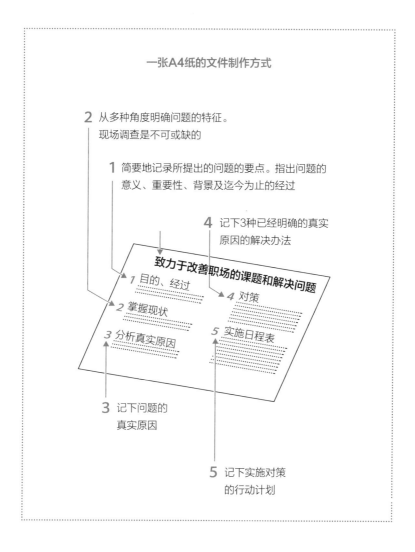

一张A4纸的文件制作方式

2 从多种角度明确问题的特征。
现场调查是不可或缺的

1 简要地记录所提出的问题的要点。指出问题的
意义、重要性、背景及迄今为止的经过

4 记下3种已经明确的真实
原因的解决办法

致力于改善职场的课题和解决问题

1 目的、经过

2 掌握现状

3 分析真实原因

4 对策

5 实施日程表

3 记下问题的
真实原因

5 记下实施对策
的行动计划

19

不断寻找真正的原因

在推进"丰田式"改革的过程中，最重要的态度之一就是反复问5遍"为什么"。"丰田式"的基本理念是：发生异常情况时，暂停生产线。原因是希望异常情况发生时，员工们都能有所察觉。如果问题被隐藏起来的话，谁也不能为了解决问题而发挥智慧。但如果可以看到问题，就可以使发挥智慧解决问题成为可能。

那么，是否就意味着只要发现了问题就能发挥智慧去解决呢？也许可以发挥智慧，但在此之前，如果不能发现导致异常情况的真实原因，好不容易发挥出来的智慧也可能很难达到预期的效果。要想使发挥出来的智慧达到预期的效果，这两点是不可或缺的：

①发现问题；②发现问题产生的真实原因。

因此，需要在找出真实原因之前认真调查，反复问"为什么"。要想发挥有效的智慧，就要有不轻易妥协、不轻言放弃的执念。

大野耐一是一位有执念的人，并且他也想把自己的执念灌输给年轻的丰田员工们。有一次，年轻的丰田员工H在丰田的车体工厂安装生产车身框架所需要的螺母和夹具时，发生了一件极小概率的事情：夹具在破裂的情况下被送入了下一道工序里。

当然，夹具被退了回来。"丰田式"本来的做法应该是在发生问题时立刻调查原因。但H没有立刻做出应对，而是把车体框架放到了生产线之外。

非常不巧的是，大野耐一先生这个时候正好来到了工厂。于是，大野耐一先生对H进行大声的训斥："给我好好地查清楚到底是哪里出了问题！"可疑的地方有好几处，而且其中还包括机械工厂和组装工厂。对于在车体工厂工作的H来说，去其他部门调查事故的原因是一件非常麻烦的事。

夹具破裂的情况极为罕见。从当时"品质优先"的准则来看的话，1000次里发生3次这样的情况都是允许的。H觉得为了这样的事情花费时间调查原因，实在很浪费资源。而且夹具坏了的话，就重新装好，然后和负责后续工序的人说声"对不起"不就行了。

但是，这样就无法从根本上解决夹具破裂的问题。为了避免再次发生这种情况，就必须彻底调查出发生问题的原因。这就是"丰田式"的思考方式。没办法，H只好花费了2天时间亲自到所有工厂进行调查，但却依然没能找出问题发生的原因。

H向大野耐一先生汇报说："我找了2天但还是没找到原因。"大野耐一先生毫不妥协地回复说："继续找，直到你找到原因为止。"

第3天，H终于在问题发生的现场逮捕了现行犯，并立即采取了改善措施。无论是多么小的问题，都绝不能仅仅说一句"这种程度的问题应该没关系吧"而轻易放过。这就是大野耐一先生的做法。所有的问题都一定有它发生的真实原因，发现原因并进行改善，才能降低问题发生的概率，提升品质。

要想发挥出有效的智慧，除了能够发现问题外，还要有在发现真实原因之前仔细调查的执念。只有发现了问题和问题产生的真实原因之后，才能发挥出真正的智慧。

问5次为什么

机器停止运转

① 为什么?

超负荷运转导致熔丝熔断→更换熔丝(处理方法)

② 为什么会超负荷运转?

轴承处没有充分供给润滑油→涂抹润滑油(处理方法)

③ 为什么没有充分供给润滑油?

泵没有充分汲取润滑油→更换泵(处理方法)

④ 为什么没有充分汲取润滑油?

轴承受到磨损,情况不良→改变轴承的构造(处理方法)

⑤ 为什么有磨损?

由于没有安装过滤器而导致碎屑进入→安装过滤器(对策)

无法提升营业成绩

① 为什么?

拜访的客户数量太少→多拜访(强化劳动、精神论)

② 为什么拜访数量少?

区域规模太大,移动需要花费时间

③ 为什么不能高效率地进行调度?

每个人的区域划分不明确,大家都视自己方便而随意移动

④ 为什么不改变效率低下的现状?

至今仍以上门拜访为中心,上司不能掌控员工的活动

⑤ 为什么上司没能掌控?

这涉及管理的问题,需要明确每位员工的工作范围,将上门拜访的模式转变为以介绍为中心的模式(对策)

20

知道和第一名的差距
才能产生智慧

如果是田径选手，就以日本第一和世界第一为目标；如果是企业，就以业界第一为目标。许多人和组织都以成为第一名为目标，也有很多人经常说"想成为第一"。但是在这些人之中，究竟有多少人能够明确地意识到自己和第一名之间的差距呢？

"丰田式"的思考方式是，要想成为第一名，就必须正确地认识到自己和第一名之间的差距。已故的若松义人先生曾告诉过我所谓的"丰田式"究竟是什么。若松义人先生在任时，亲自完成的工作之一就是对比丰田和通用汽车公司（GM）的成本。他将两个公司的"差额"在资产负债表中表现出来，让员工们都能看到。

现如今，丰田已经成为世界著名的汽车制造商，但在20世纪60年代前期，丰田的销售额与通用汽车公司相比，有着几十倍的差距。而且，如果将成本按照批发价来计算的话，假设丰田是1，那么通用汽车公司就是0.5。

将"差额"标注在资产负债表上，并非符合常识的工作。若松先生当时心想："知道和其他公司的销售额存在如此大的差距，又能有什么用呢？"

即便如此，既然是工作，就理应尽力去做好。若松先生通过大学以及其他相关机构，绞尽脑汁地想了各种方法，最后终于制定出了基准成本，而非标准成本。在基准成本中，假如丰田生产某个零件的成本是10000日元，通用汽车公司是6000日元的话，那么就以6000日元为基准成本，在计算原材料时就按照6000日元来计算，然后把剩下的4000日元差额作为"浪费的钱"，写在资产负债表上。

基准成本是丰田独有的计算方法。虽然理应按照原本的会计准则进行处理，但对于十分看重"问题可视化"的丰田管理层来说，必须弄清楚和通用汽车公司之间4000日元的差额究竟意味着丰田落后了通用汽车公司多少。

管理层在了解了"差额"之后，按照丰田的模式，日复一日地进行改善，终于将差额缩小到了1日元、2日元。"将与目标之间的差距用数字表示出来"以及"将改善的结果用数字表示出来"是十分重要的。

例如，如果只是随口说说"以通用汽车公司为目标""要追赶、超越通用汽车公司"的话，那么就会因为目标过于远大，反而没有想要努力的心情。在成本方面，如果能清楚地知道"现在落后于对方多少""今天通过改善，缩小了多少差距"的话，就会有"想要更努力一些"的心情。无论和第一名的差距有多大，知道3万个零件中每一件的差额，发挥智慧，通过不断改善来慢慢缩小差距的话，总有一天能够赶上对方。如果在成本方面不输于对方的话，那就只剩下规模的问题了。

在经过将近半个世纪的追赶后，丰田终于从通用汽车公司手中夺下了世界第一的宝座。丰田之所以能做到，离不开"差距的可视化"和"日复一日地改善"。

若想成为第一名，就必须十分明确地提出"想成为第一名"的目标。但如果只是想想而已，就无法知道该如何努力才能做好。清楚地知道自己和第一名之间的差距，比如自己现在有哪些不足及为什么不如别人，然后以一种可以看到的方式去做，才能发挥真正的智慧，才能真正付出努力去追赶。

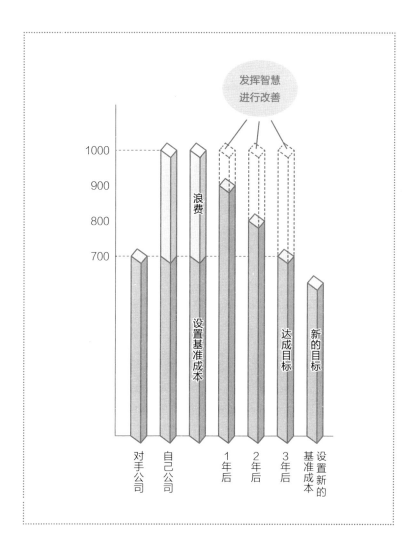

21

从"可看到"向"可了解"
和"可做到"转变

“丰田式"所强调的"可看到"是指，如果看不到问题就无法发挥智慧解决问题，在看到问题之后，大家才能发挥智慧解决问题。但需要注意的一点是，虽然同样都是"可看到"，有的可以借此发挥智慧，有的却不可以。

收集数据，然后展示给大家，是"可看到"的代表之一。将大量数据通过美观的图表展示出来，让大家看到工厂的实际情况，这一点很好。但是，数据有一个缺点，就是有时很难让大家发现哪里有问题。

在某工厂的改善发表会中，有份报告指出次品率有所下降。

原本将近5%的次品率下降到了3%。单从数字来看的话，确实是很了不起的成果。但这里有一点很容易蒙蔽大家。在那个工厂中，每天会生产5000个产品，5000×5%＝250（个），也就是说那个工厂每天会生产250个次品。这也意味着，需要花费许多时间去重新改良这些次品。

将次品率降低到3%之后，5000×3%＝150（个）。比起之前的250个次品，足足减少了100个。但实际上这个时候，生产总数从5000个增加到了10000个。如果用10000×3%的话，那就是300个次品。

这样一来，需要重新改良的次品数量也随之增加，所以单纯地提出"次品率有所下降"，并不是一件完全值得开心的事情。公司的领导是这样想的："仅仅依靠百分率来判断好坏是行不通的，如果不对实际数量和绝对值进行比较，就很难发现事情的本质。仅仅参照比率来进行判断，很容易出问题。"

曾经，大野耐一先生带着年轻的员工去工厂，并让他们把掉落在地上的零件全都捡起来放在一起。然后，大野耐一先生问他们："知道这些零件加起来一共值多少钱吗？"他们并不知道。于是，大野耐一先生把每个零件的价格分别告诉他们，最后加在一起的价钱，是一个让人非常惊讶的金额。

大野耐一先生说:"这样的零件掉在地上根本没人捡,但如果是同等价值的钱掉在地上的话,肯定会有人捡起来吧。零件的价格是多少,工作所投入的成本是多少,这些都必须清楚地知道才行。"

对于瑕疵,也是一样的道理。例如,现在生产了50件单价为200日元的次品,那么总共就有10000日元的损失。如果单价是10000日元的话,就会造成50万日元的损失。如果只看次品率的话,可能会有喜也有忧。即使次品率下降,但如果生产总数增加的话,损失的金额也会增加。

如果能亲眼看到生产的次品在自己面前不断堆积,员工们就会意识到事情的严重性。当生产过剩导致产品堆积在仓库中时,如果员工们知道这些产品的价值,就会了解这些产品造成了很大的损失。

"丰田式"认为,如果员工对事实缺乏了解,那么所制作出的美观的图表就只是摆在员工面前而已,而并非能让员工真正看到其中的真相。观察事物不能只看数字,还要综合考量个数、金额、实物等,这样才能激起人们的危机感,并且发挥出"如果不做些什么就晚了"的智慧。

"可看到"是为了让大家都能发现问题,在了解问题的真实原因之后,才能进行改善。要想发挥智慧,仅仅看到问题是不够的,还需要大家充分地理解问题,并且有想要改善问题的欲望。

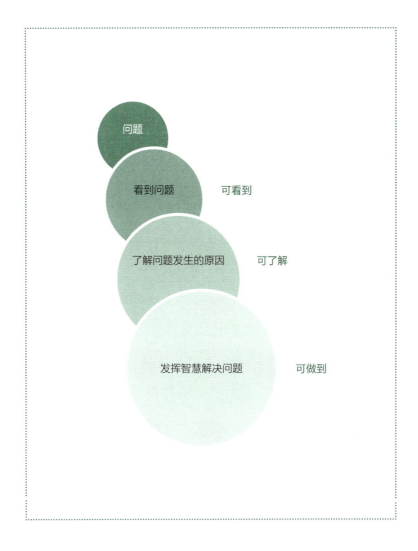

随着时代的转变，

我们的思维方式也必须有所改变。

第 **4** 章
————

实况和尝试与智慧息息相关

22

去了现场才会明白
问题所在并解决

怎样才能发挥出智慧呢？

待在房间里看着计算机屏幕，即使嘴里嘟囔着"有没有什么好的智慧呀"，也不能发挥出智慧来。中国的欧阳修曾提出"三上"。在写文章时，产生灵感的时候并非是坐在书桌前思考的时候，而是在"马上""枕上"和"厕上"。所以，产生智慧和想法的地方不一定在书桌前，更有可能在书桌以外的地方。

同样，工作中的智慧也不是在办公桌前产生的，而是在去现场实地考察之后才能发挥出来，这就是"丰田式"的思维方式。

丰田的前社长渡边捷昭先生在刚进入公司时，被分配到了人事部厚生科。他的职务是供餐员，负责管理单身员工宿舍和员工食堂的饭菜供给。虽然很难想象在这个职位上工作的人后来成了社长，实际上，他当时的工作并不多。

虽然工作清闲，但渡边认为自己不能游手好闲，他想着"不如去现场看看吧"，于是就经常到离公司总部很近的元町工厂的员工食堂去参观。到现场之后，仔细观察现场的渡边发现了现场存在许多浪费现象。

如果没有亲眼看到这些浪费现象，就察觉不到问题的存在，也就没办法发挥智慧解决问题。在注意到浪费现象之后，才会去想为什么会有浪费现象，以及怎样做才能避免浪费现象的发生。在这个思考过程中，就会产生智慧。在注意到浪费现象之后，渡边的头脑里闪现出许多改善的方法。

例如，比起把饭提前盛好放在每个便当盒里，倒不如设置一个大的饭箱，可以让每位员工自己按需盛取。这样的话，不仅不会产生浪费，而且还可以提高效率。此外，比起饭票，代金券更省事一些。

待在办公室里是不可能想出这样的主意的。正是因为去了现场，仔细观察了员工食堂所发生的一举一动，才能产生"如果这样做的话会不会有所改善"的想法。

不久之后，渡边把在员工食堂实行的方案用数据表现了出来。这些数据又恰好被正在推进全面质量管理（Total Quality Control，缩写TQC）活动的团队看到。于是，员工食堂的改善活动正式拉开了帷幕。

从此以后，"走遍现场的每个角落、仔细观察现场，是进行改善的必要条件"就成为渡边先生的信条。

大野耐一先生曾被称为"现场之神"，他曾说过这样的话："在有疑问、感到困惑或想到什么线索时，就去现场看看吧。现场才是能够学到东西的地方。而且，看到现场的实际情况之后才能判断自己之前的想法是对还是错。由此，还会发现新的问题。这就是工作的真谛。"

确实，有时不去现场也可以想出好的办法。但是，所想出的好办法是否真的适用于现场的实际情况，是否真的能起到作用呢？这并不一定。如果不到现场实地考察的话，好不容易想出的智慧很可能就白白浪费了。

同样是发挥智慧，重要的是要发挥出可以利用的智慧。

正如大野耐一先生所言："现场才是发现问题的宝库，是产生智慧的最佳场所。"

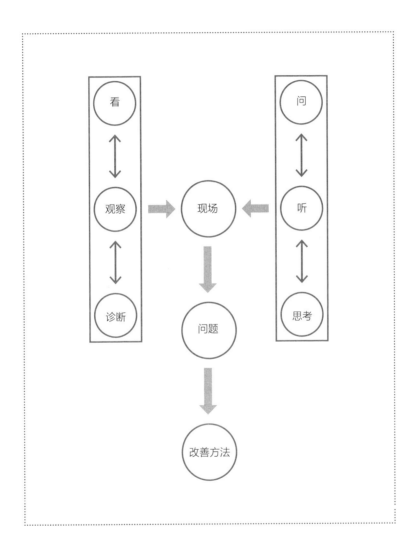

23

让 "先尝试一下"
成为习惯

要想营造出一个容易产生智慧的氛围，重要的是要养成
"反馈"和"立刻去做"的习惯。

某铁路公司为防止大型事故的发生，要求驾驶员和乘务员总结
出平时注意到的"有可能引起重大事故的失误"，然后公司进行改
善，防患于未然。但是，这个项目启动之后，他们却没有上报任何
失误。

这并非是因为没有失误。虽然平时会有小的失误，但却没有人
向上司汇报。这是因为员工们认为即使汇报了也没什么用，并且这
种心情逐渐在公司中蔓延开来。

以前，驾驶员和乘务员也曾向上司汇报过几处有危险的地方、发生的一起小事故，但得到的回复却都是"那以后注意一下"，其结果就是完全没有任何东西得到改善。

于是，大家渐渐开始觉得和上司汇报也没什么用，即使说了也只会被冷眼相待。所以本来是一个很好的改善机会，却因此被搁置了。在这种情况下，无论上司说多少次"向我汇报"，也绝不会有员工向上司汇报失误的情况，也因此无法产生可以改善现状的智慧。

于是，该铁路公司要求乘务员们将自己注意到的事情写在每天的报告中，然后将这些内容贴在走廊和乘务员休息的地方等。后来，针对报告中的问题的对策也被写进报告中，并开始执行。许多失误情况集中到一起之后，该公司的安全对策有了很大的改进。

人们常说，有了想法之后一定要跟进。好不容易想出的好主意，如果不跟进的话，就没办法实行。要想发挥智慧，需要有能够有效利用智慧的机构。

其制造商公司以"丰田式"为基础，开始了生产改革。但是，当改善推进团队的人以员工们的提案为基础，向工厂提出改进意见时，却遭到了现场负责人的反对："即使这样改进也无济于事。"于是，改革没能按照原来的想法得以推进。

因此，公司成立了"立即执行团队"。

在想要进行大规模改善时，总会有反对的声音。因此，就从不怎么花费资金的改善开始比较好。对于不花费资金、可以简单完成的改善，现场的负责人也只能说："如果是这种程度的改善的话，那就去做吧。"而且，在听到"这里有问题""这个地方需要稍微改变一下"的声音时，也可以立刻做出应对。

这样一来，这和之前"无论是什么都会反对"的局面相比，已经发生了很大的变化。以前，对于执行的提案，总会有"做还是不做"的争论。但现在，在小的提案可以被立即执行之后，像"多亏这样，才变得更容易操作了""再继续这样改进下去的话会变得越来越好"这种具体的、积极的反应逐渐增加。

"立即执行团队"要求晚上巡查工厂的值班员工将他注意到的事情写在日志中，然后第二天立即进行改善。如果仅仅是指出问题的话，在日志中被提到的工作岗位的员工就会觉得是在说自己的坏话，但如果在指出问题之后立刻进行改善的话，就不是说坏话了，而是大家一起使公司变得更好。

在注意到问题就立刻进行改善、有了想法之后就立即实行成为习惯之后，现场的负责人也认同了进行改善的好处。于是，改革得以全面推进。

智慧并不是想出来就行了，最重要的是立刻去做、先尝试去做。

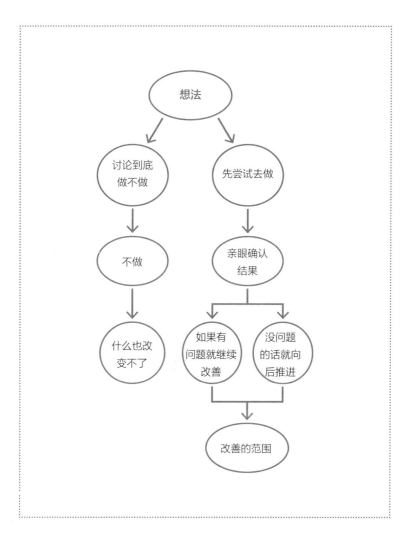

24

通过实践
将知识转变为智慧

在企业中，员工们会经常参加研讨会、研修等。许多上司认为，让下属参加研讨会、研修，就相当于教导了他们。甚至参加者自己也在听了讲师的课之后，满足于"听到了有意义的内容，学到了知识"。

丰田人在听到下属说"感谢您让我参加研讨会"时，一定会这样说："你去参加研讨会啦？有什么印象深刻的事情吗？或者有没有注意到哪些知识可以立刻运用到我们的工作中？试着说一下，然后试着去做一下吧。两三个月之后把结果汇报给我。"

几乎所有下属在最初听到这样的话时都无法给出一个好的回

答。但在上司这样说了很多次之后，下属们逐渐理解了"学到了知识就要立刻去执行"这句话的含义。在学习、询问、感同身受、了解的过程中，检查和跟进是不可或缺的。只有这样，在研讨会中学到的知识才能真正地转变为智慧。

在"丰田式"中有这样一种说法：教育和训练是不同的。教育是指教授别人所不知道的知识，而训练是指反复练习已经知道的知识并且让身体产生记忆。如果只教育不训练的话也是不行的。J公司的董事、原丰田员工K就曾深刻体会到，"只重视教育而忽视训练的话，就无法顺利工作"。

K在将"丰田式"导入J公司的日本某工厂并使其长久存在的这件事上发挥了很大的作用。不久之后，J公司的领导下达指示：将"丰田式"也引进到国外的工厂中去。

K之前在丰田工作的时候，曾经有过在国外工厂普及"丰田式"的经验，所以这一次他也觉得没有问题。于是，他每个月都到J公司的国外工厂出差，指导"改善研究会"开展改善活动，但结果却不如他所愿。

每次出差的时候，K都会从改善的第一步，也就是从最开始的部分对员工进行指导。对这个结果感到十分困惑的K在调查了原因之后发现，国外员工的思想与日本员工的思想有很大不同。一位每次都积极参加研究会的员工说："学习'丰田式'是一件很有趣的事情，但如果要我们自己去实践的话就另当别论了。"

也就是说，作为教育而言，员工们有兴趣学习"丰田式"的思想，而且领导也会奖励参加研究会的员工，所以大家都积极地参与其中。但是，自己找出问题并每天进行改善，这并不是员工的本职工作，员工们对此也没有兴趣。

在掌握了真实情况之后，K开始不仅只教授知识，还亲自到现场指导员工们进行改善。在现场实行改善之后，次品率和成本得以降低，品质也得以提升。曾经认为"这不是我分内的工作"的员工们在亲身经历了这些事情之后，也逐渐了解了改善的乐趣和效果。使用自己的智慧对现场进行改善，这种体验是在只听老师讲课的知识型研修中无法获得的，这比什么都珍贵。

不久之后，在J公司国外工厂工作的员工们率先进行了改善，并使改善的习惯落地生根。如果只重视教育而懈怠训练的话，好不容易教授的知识也无法转变为智慧和真正的技术。

在"丰田式"中，"明白了"就意味着要"付诸实践"。学习很重要，但将学到的东西付诸实践之后，人们才能更好地发挥智慧。

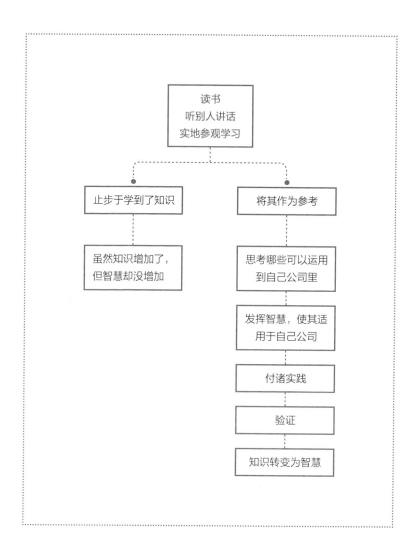

25

不了解现场的话，
就无法知晓该做什么

要想发挥智慧，就必须正确认识到问题出在哪里。如果不清楚哪些问题需要解决就无法发挥智慧。即使发挥了智慧，这种智慧也无法在现实中起作用。

了解问题出在哪里的一个有效方法是，去和使用自己产品的人一起工作，这种方法也被叫作"拜师学习"。办公用品生产商L公司有"一周工作制度"。

在L公司的复印中心，每天都会进行大量的复印工作。在这种情况下，技术人员主动要求："请让我在这里见习一段时间吧。"

技术人员虽然是制造复印机的专家，但却不是使用复印机的专家。这样一来，其中就会有差别。在这种情况下，技术人员亲自到复印中心，听取客户的需求，并每天亲自完成许多复印工作的话，就会知道哪里不方便、怎样改善可以赢得客户的欢心。

技术人员总是想把许多最新的功能添加到自己的产品中。虽然在技术人员看来这样做会带来便利，但对于实际使用复印机的客户来说，比起最新的功能，他们更希望能够简单、快速地进行操作。

通过"拜师学习"，技术人员掌握了客户的需求，并由此产生了新的智慧，这些智慧也成为生产新产品的启发。

与"拜师学习"制度相似，技术人员也可以去回收利用中心，亲自拆卸自己的产品。不仅要在生产和使用时看重产品的品质，也要考虑产品在废弃时是否易于回收利用。因此，开发产品的技术人员尝试亲自参与产品的拆卸。

因为是自己开发的产品，按理说技术人员应该对其有足够的了解。但实际上，亲自参与拆卸工作时，技术人员经常会花费比想象中更多的时间，并且浪费许多不必要的精力。原因是原本出于"好心"的设计却导致产品很难拆卸。这些事情是技术人员在亲身体验之后才能了解的。

同样，开发汽车时的启发和智慧也来自现场。2004年，丰田的小型货车西耶纳以"更大、更快、更便宜"为卖点被生产设计出来。负责开发的横矢熊二为了更好地了解美国、加拿大、墨西哥等西耶纳主要售卖国的情况，提出了如下建议："我想在美国的50个州、加拿大的13个州以及墨西哥全境驾驶这辆车（试验它的性能）。"

现如今，可以很容易地通过网络获取不同地域的信息，甚至连市场营销数据也一应俱全。在这种情况下，当然可以基于这些数据来思考需要变更的地方，但横矢先生选择遵循"丰田式"的"现场实物主义"，直接到现场进行考察。

于是，许多需要改善的地方逐渐显露出来。

例如，加拿大的道路由于积雪影响，导致道路中央有很多起伏。所以，小型货车的"横向滑行"就成为需要着重考虑的要素。在美国有许多地方风力很强，所以能够应对强风的稳定性就变得十分重要。

与日本不同，在美国开车经常会行驶很长的距离。如果车内能有足够的杯托或托盘的话，对用户来说是非常实用的。因为这样一来就可以让每位乘车人都能携带许多水杯和水瓶。

想法和智慧不是坐着就能想出来的。到现场实地考察，看到实物之后，才能产生许多想法和智慧。试着从生产者转变为使用者，就会有新的发现、产生新的智慧。

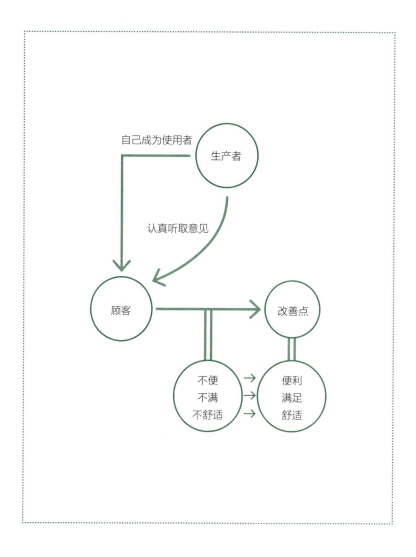

自己成为使用者

生产者

认真听取意见

顾客

改善点

不便
不满
不舒适

便利
满足
舒适

26

不要害怕失败

亚马逊（Amazon）的创始人杰夫·贝佐斯曾经说过："失败是创新和发明的本质。如果一切顺利的话，就不是尝试了。"虽然贝佐斯在短时间内让亚马逊实现了飞速发展，但在此过程中，并非是所有尝试都取得了成功。

贝佐斯从小就非常喜欢发明，在这过程中，失败是不可避免的。失败的话就调查失败的原因，修正之后再次进行挑战。正因如此，贝佐斯才能不畏失败，勇敢地挑战下去。

要想创新，就需要我们不畏失败，将失败转变为下一次挑战的精神食粮和智慧。人要想成长，什么是必不可少的呢？很多人会觉

得是成功的经历。确实，<u>成功的经历会使人变得自信，变得勇于
挑战</u>。同样，如果能够活用失败的经历，我们也可以产生出色的
智慧。

　　曾经，年轻的丰田员工M认为某零件的开发需要某种机器，于
是，他向美国的机床生产商高价订购了这台机器。当然，这次订购
是通过公司内的正式流程进行的，但实际使用了订购的机器之后，
M发现它并没有达到自己的预期效果。

　　这对于公司来说是一个很大的损失。M向上司汇报了这件事
情，但上司却说他不知道这件事，把所有责任都推给了M。M不得
已只能去找开发部门的负责人丰田英二，向他亲自谢罪。

　　M在去之前已经做好了被严厉训斥的思想准备，但没想到丰田
英二却这样说："那你通过这件事知道了那个实验的道理了吗？"M
回答说："我知道了。"于是丰田英二说："知道了就行。就把这次
的失败当成你的学费吧。"

　　丰田英二没有提损失的事情，而是让M把失败作为今后进行开
发的精神食粮。在听了丰田英二的话之后，M总结出为什么失败、
怎样做才能预防失败，并整理出一份"失败报告"。这些都是基于
丰田英二先生的这个想法："最近，人们经常会在工作中找借口，
这样是无法取得进步的。<u>在公司内失败了也没关系，大胆去做，然</u>

后写出'失败报告'。如果不写下来并将其整理成报告，仅仅凭脑子去记的话，就无法将这些经验传达给后来进入公司的员工们。"

工作中难免会有失败。"丰田式"认为，由于轻视自己的工作而造成的失败是很不应该的，但如果是认真思考之后还是失败了，是情有可原的。

但是，失败时如果只是说一句"我失败了"，是无法因此而产生智慧的。就像英二对M所说的那样，在失败后重要的是要调查失败的原因，思考如何才能不重蹈覆辙，并且将这些写成"失败报告"，留给其他人作为参考。

这样才能使失败的经历变成失败者的智慧和大家的智慧。不要忘记失败，要将其"留下"。这样的话，失败才能成为智慧和财富。

在发挥智慧时，"先试着去做"是很重要的。但若想使其转化为智慧，需要有大家的支持，并且不能害怕失败，要有即使失败也可以将其转化为智慧的态度。

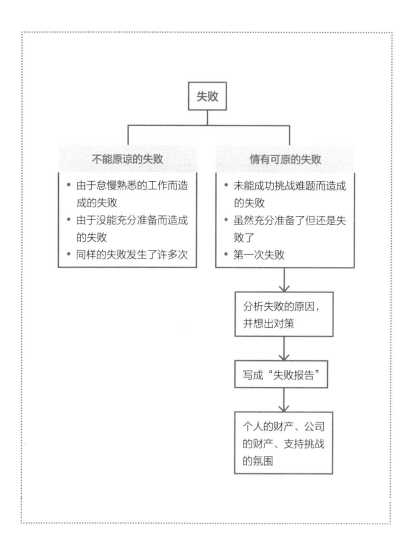

27

有做多余事情的时间，
不如来现场看看

虽然没有人否定去现场实地考察的重要性，但有人认为，制作资料以及开会等花费了过多的工作时间，因此导致员工们没有去现场的时间。工作的基础是现场实地考察，现场才是产生智慧的源泉。所以如何才能确保去现场考察的时间，是一个十分重要的课题。

无论什么工作都需要智慧和知识，但如果是一个没有意义的工作的话，难得的智慧和知识就会被白白浪费掉。

既然要使用智慧的话，就要先弄清楚：这个工作真的有用吗？这个工作有意义吗？

N在丰田的生产管理部门中负责的是决定国内外产品的办公室

业务。大野耐一曾担任过N的上司。当时的大野耐一先生在总公司担任上乡（地名）的工厂厂长，是公司的常务董事。虽然很多人都知道大野耐一先生有"现场之神"的称号而因此对他有所敬畏，但N和他办公室里的员工们觉得他们所做的工作对于公司来说十分重要，即使大野耐一先生来了，也不会因此有任何改变，所以并不把大野耐一先生放在眼里。

N的工作是调查公司内部的生产能力和成本，并决定向外部订货的种类和数量。如果判断失误的话，就无法完成生产计划，也无法达成成本目标。所以说这是一项十分重要的工作。这就是为什么N他们会自信地认为无论大野耐一先生说什么，他们的工作方式都不会发生改变。

但是，N和他的组员们花费时间进行计算，并制成许多图表交给大野耐一先生之后，大野耐一先生连看都没看。不仅没看，还训斥了他们一顿。

"只会进行计算有什么用啊？为什么过去取得的成果就原封不动地成为将来的基础？有这个时间的话，就去现场看看。"

而且，只要工厂的负责人提出需要向外部订货，大野耐一先生就会全部拒绝。N和他的组员们都很担心这样下去的话，这个工厂就完了，但后来得到的消息却不是工厂干不下去了，而是通过改善，他们可以不依靠外部订货，自己制造出所需的产品。

听到这个消息之后，N和他的组员们都惊呆了，"怎么会有这种事情？"他们对大野耐一先生说："你这样做的话，会让公司蒙受损失。如果你为了公司着想，就最好什么都别做。"

他们的做法是基于过去的成绩，并且认真计算之后再向外部订货。但这样的话，现场不会有任何的改善。相反，如果拒绝向外部订货，努力改善的话，就可以提升自身的生产能力。

大野耐一先生对N说："对于过去的成绩，在进行改善之后就没有任何意义了。与其浪费时间和智慧去做'没有意义的计算'，倒不如去现场看看，和大家一起进行改善，这样才能更好地提高生产力。"

总之，只要能进行改善，就没有必要进行无聊的计算，也没有必要制作多余的资料。不久之后，N在大野耐一先生的指示下，不再制作资料，而是进行现场的改善。结果，经过改善之后，过去的数据确实成了没有用的东西。N开始深切地感受到，去现场进行改善才是对公司更有帮助的事情。

我曾被问过该如何有效地利用工作中有限的时间。我认为，省去没有用的工作，增加去现场的时间和发挥智慧的时间，对于提高生产率来说是十分重要的。

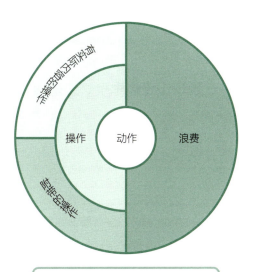

工作和浪费

动作　操作　浪费

省去浪费的时间就可以产生智慧，
就可以增加去现场的时间

在生产活动中，仔细观察操作的动作，具体可分为三个阶段：
①工作（动作）=操作+浪费
②操作=有实际内容的操作+附带的操作
③有实际内容的操作=真正能产生价值的操作+浪费
浪费：看不见的浪费、系统的浪费等

28

在现场边走边思考、边询问

要想发挥出已经产生的智慧，就必须到现场进行实地考察。但是，到现场之后，如果只是漫无目的地闲逛的话，是无法注意到关键问题的。

这是导入"丰田式"的某企业的工厂长O在带领大野耐一先生参观工厂时的事情。在组装发动机的工序中，一名员工正在举起沉重的发动机。

这是流汗的体力劳动。O在对那名员工说了"加油"之后，就继续往前走了。但大野耐一先生却停了下来。他问道："为什么要做那样的工作？"原来是因为负责举起发动机的辊道运输机坏了，不得已只能让人来举。

大野耐一先生让O立马进行修理，同时训斥道："你虽然每天都在现场，但你却没有注意到工作人员是否遇到了困难，是否做了不必要的工作，是否做了无用功。所以即使你看到他们正在工作，也发现不了其中的任何问题。既然去了现场，就要好好想想自己能够为在现场工作的人做些什么。"

即使总是说要发挥智慧，但如果不用心观察的话，也没办法发挥出智慧。要想发挥智慧，就必须经常对自己提出问题。例如，对于践行"丰田式"的P公司的生产线负责人，我们建议他每天对自己提出如下问题：

（1）能够停止加工、使用吗？

（2）可以使之成为价格更低的产品吗？

（3）标准和基准是否过剩？

（4）能否进行再利用？

（5）能否对操作进行改善？

（6）次品数量是否降低？

（7）是否实现了节能？为什么采取那种做法？

"丰田式"对于生产线负责人的要求不仅是按照上级的指示生产产品，还要观察员工们的工作方法，经常思考哪里出现了浪费、是否有更好的做法。

虽说如此，光是要完成当天的定额就够呛了，还要发挥智慧、思考改善的对策，这并不是一件容易的事。正因如此，我们才要列举出这些问题，每天都对自己提出这些问题，这是非常重要的。

当习惯了对自己提出这些问题之后，就可以在不知不觉间发现浪费现象，思考改善对策也变得轻而易举。这些问题虽然是和降低成本有关的问题，但在这个过程中，既观察了工作人员的动向，也观察了机器等的配置、运转，以及产品的趋势和完成情况。

在每天被工作追赶的情况下，很难有多余的精力去思考工作之外的事情。正因如此，才要保持对自己的提问。试着在工作的时候问自己"能否做得更快一些""有没有更轻松的方法"。

虽然可能没办法立刻回答出来，但是持续不断地进行提问的话，答案就可能会在某个时候突然闪现出来。要想发挥智慧、产生灵感，最重要的一点就是每天问自己"为什么"。

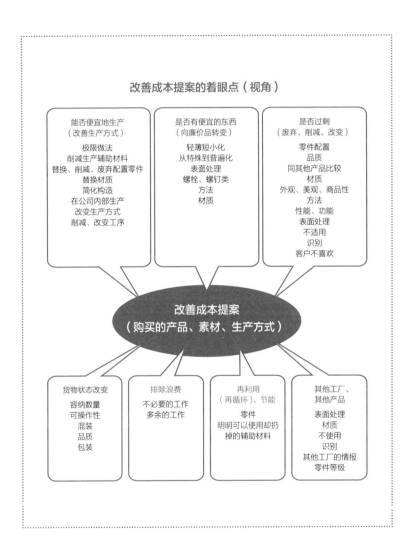

改善成本提案的着眼点（视角）

能否便宜地生产
（改善生产方式）

极限做法
削减生产辅助材料
替换、削减、废弃配置零件
替换材质
简化构造
在公司内部生产
改变生产方式
削减、改变工序

是否有便宜的东西
（向廉价品转变）

轻薄短小化
从特殊到普遍化
表面处理
螺栓、螺钉类
方法
材质

是否过剩
（废弃、削减、改变）

零件配置
品质
同其他产品比较
材质
外观、美观、商品性
方法
性能、功能
表面处理
不适用
识别
客户不喜欢

改善成本提案
（购买的产品、素材、生产方式）

货物状态改变

容纳数量
可操作性
混装
品质
包装

排除浪费

不必要的工作
多余的工作

再利用
（再循环）、节能

零件
明明可以使用却扔
掉的辅助材料

其他工厂、
其他产品

表面处理
材质
不使用
识别
其他工厂的情报
零件等级

所有的判断都必须基于"实际上是否降低了成本"

"实际上是否提升了业绩"。

第 5 章

———

问题是产生智慧的机会

29

产生问题时，比起追究责任，
寻找原因更重要

谁都不喜欢遇到问题。

当别人遇到问题并牵连到自己时，通常人们都会追究那个人的责任，"真是的，为什么要做这种事儿？把我也给卷进去了。"但是，在企业的现场中，产生问题时，是先追究责任还是先寻找原因，其结果是截然不同的。

人只要生产产品，就可能会出现问题。即使是机器，如果疏于维护和保养的话，也会出现问题。人们如果状态不好的话，就会出现失误。在状态不好的时候，注意力不集中的情况也时有发生。

在这种时候，"丰田式"的思维方式是，不要期待员工能给自己加油打气，说"再振作一点""打起精神来"，而是为员工们创造出一个更不容易出现失误的工作环境。"丰田式"思维之所以提出这个观点，是因为失败、失误和问题是改善的契机，通过改善，可以优化工序、提升品质。

在生产线上发现问题时，就立刻暂停生产线，是因为问题是改善的契机，是智慧的源泉。在面对失败、失误和异常时，比起追究责任，更应该做的是查明原因，并发挥智慧进行改善。

在丰田的某个美国工厂中，发生了弄错黏合剂的失误。黏合剂的种类有很多种，这些黏合剂都被放入同样的罐子里，只能通过罐子上写的产品编号来进行区分。发生失误的原因就是管理材料的人在准备黏合剂的时候，弄混了罐子。

在美国，员工发生失误就会被解雇。所以，美国的材料管理科长已经做好了被解雇的思想准备。但日本的领导认为这次的失误是改善的契机，是可以彻底践行"丰田式"思维方式的良机。当领导让科长到他办公室去的时候，科长觉得自己肯定要被解雇了。但领导说的话却让他感到十分意外。

领导说："我关心的是发生失误的原因，以及解决的对策。"

虽然这并不意味着对失误和失败给予肯定，但是在需要依靠人的注意力的工作中，确实无法完全避免失误和失败。领导想要的并非是开除员工，也不是让员工再振作一些，而是希望员工能发挥智慧，避免再次发生失误和失败。

科长对于领导的反应感到十分惊讶。之后，他认真地调查了失误的原因，并且为了防止同样的失误再次发生，他想出了一系列对策并将其付诸实践。例如，改变罐子的颜色，将写在罐子上的文字字体变大等。

无论采取多少对策，都很难将失误和失败降低为零。但是，发挥智慧，调查每个失误和失败的原因并进行改善，长此以往，就可以使失误和失败的概率接近于"零"。

没有失误和失败是最好不过的。但在发生失误或失败时，不要只是追究责任，重要的是要想出对策，失败是将失误率降低到接近为零的契机。大家一起发挥出智慧来吧。

我们应该乐观地来看待失败、失误和问题，把它们当作发挥智慧的契机。这就是"丰田式"的思维方式。

30

面对讨厌、棘手的事情，
怎样做才能轻松化解

很多人在被要求"发挥出智慧来""说出你的想法"时，会在做之前就没有自信，觉得自己怎么样也无法做到。确实，如果是诺贝尔奖级别或专利级别的想法的话，并不是所有人都能想出来的。但是，如果是我们每天在工作中都会用到的那种级别的想法的话，它实际上就在我们身边。

关于"丰田式"中发挥想法的方法，丰田原社长张富士夫曾这样说过："谁都有一两件感到为难的事情、必须要完善的事情。比如会觉得'工作太难做了''太累了''很危险'，或者会觉得'这是谁看了都会觉得奇怪的做法'。而且，还有人会觉得'明明有好的工具可以用''这个工作花费的时间也太多了吧'。在有这种感觉时，一般人都不会去想'我该怎样做才能改善现状'。我认为，所谓'创意想法'就是应对这些需求的制度。这是指，自己思考重要事情的解决方案，或者和同事、上司一起思考然后自行解决。"

工作的时候肯定会遇到许多讨厌、棘手的事情。就像张富士夫所说的那样，在工作中应该会遇到许多难办的事情、感到吃力的事情。在这种时候，如果只是自己消化，觉得"即使说出来也无济于事，还是忍着吧""只能自己慢慢习惯"的话，吃力的状态也不会得到缓解，而且不久之后就会对公司和工作感到不满。

这样一来，只会不断累积不满的情绪，根本无法发挥智慧。所以重要的是，思考有没有可以使工作变得轻松的方法。这与能否发挥智慧、进行改善息息相关。

某企业的经营者在他年轻的时候很不擅长用算盘，也因此无论如何都喜欢不上与会计事务有关的工作。在这种时候，虽说想着"再努力一些"也是一种办法，但这位经营者却开始考虑，能否收集和自己一样不擅长使用算盘的人的心声，然后将借此机会在公司内推广使用计算机。

这也是一种办法。如果拼命学习自己不擅长的算盘也是一种办法的话，那么思考"有没有更好的办法"，就可以找到解决的对策。

　　这位经营者通过思考怎样才能将自己感到困难的地方变得轻松，对自己的工作进行了改善。其他经营者则通过思考如何才能解决顾客不满意的地方，成功地将其转变为商业机会。

　　这位经营者认为，世上有许多的不安、不满、不便、不舒适，那么"怎样做才能消除不安，使之安心""怎样做才能消除不满，使之满足""怎样做才能将不便变为便利""怎样做才能将不舒适变得舒适"，就需要我们发挥智慧。在这个过程中，会诞生许多新的想法和商业机会。

　　"有了'不'，就有了新的商业机会。发现和发明就存在于每天不起眼的'不'之中。"这是那位经营者的信条和信念。同样，在我们遇到讨厌的事情、难办的事情、感到吃力的事情时，试着去想一想怎样做才能使之变得轻松。

　　重要的是，我们在遇到困难的事情、讨厌的事情和不满的事情时，不要放任不管，而要认真思考我能不能做些什么，这样才能使之成为产生智慧的契机，才能因此而有所改善。不满才是智慧的源泉，是发挥智慧的契机。

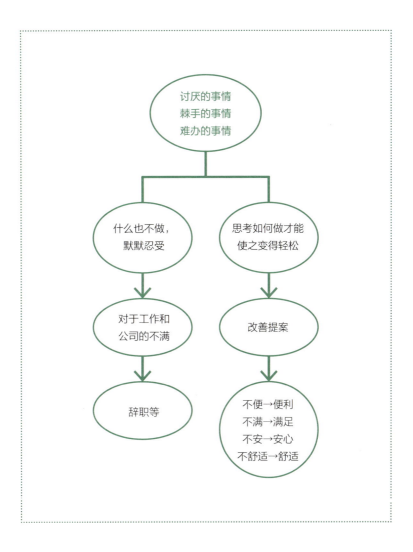

31

从"被决定"向
"主动决定"转变

发挥智慧、赋予智慧究竟是怎么一回事儿呢?"丰田式"生产方式通过"从'被决定'向'主动决定'转变"这种说法直截了当地阐释了其中的含义。

这究竟是什么呢? 一般认为,遵守已经决定好的事情是理所应当的。遵守法律和规则肯定是理所应当的,但因为没有遵守已经决定好的事情,被认为是违反了规则,从而受到惩罚的事情也时有发生。确实,如果已经决定好的事情是合理且正确的事情,那么遵守也是应该的。但比如说像之前成为话题的"黑色校规"那种缺乏合理性的东西,就会有人提出疑问:"为什么非遵守不可?"

那么，缺乏合理性和正确性的东西就不需要遵守了吗？并不是这样的。对此，"丰田式"生产方式是这样考虑的。

"丰田式"生产方式的根基是标准化作业，丰田要求员工们必须严格遵守已经决定好的标准化作业。但是，有的员工讨厌遵守已经决定的东西，或者认为自己的做法更好一些，或者想要进行和标准化作业有些差别的操作。虽然丰田也不允许员工任性地不遵守标准化作业，但只要员工有明确的理由，即使不遵守也没关系。公司不仅会认可员工做出的改变，甚至还会给予奖励。

这其中，"丰田式"的标准化作业和其他公司的标准化作业以及指南是有所不同的。操作指南等是员工制订出来的，并要求所有人都严格遵守。不遵守操作指南是不合情理的事情，变更操作指南也并非易事。

与之相对，丰田要求员工首先要认真遵守已经决定好的标准化作业。但当有员工提出更好的意见时，丰田会采纳员工的意见，重新更改标准化作业的内容。

在发挥智慧、进行更改的过程中，已经决定好的标准化作业会在不知不觉间转变为员工们自己的智慧，向着员工们自己主动决定的标准化作业发展、转变。

这样一来，无论是多么讨厌遵守已经决定好的事情的人，都会遵守自己决定的标准化作业。这就是"丰田式"的关于"从'被决定'向'主动决定'转变"的思考方式。

发挥自己的智慧，从被决定转变为主动决定是一个很棒的体验。在某大型企业的生产分公司中，工厂的生产线在一夜之间被改变，所以员工们不得不习惯新的生产方式。

员工们早上到公司之后，新的生产线和新的操作指南已经准备好了。公司对员工们的要求就是尽快习惯新的生产方式。遵守已经决定好的事情就是员工的本职工作，员工们没有任何可以自己决定的余地。

但是，以某件事为契机，员工们得以自己发挥智慧，决定如何制造生产线。从那之后，员工们的生产力急速提高，产品的品质和利润率也打破了之前的纪录。如果是"被决定"的话，员工们只能按照指示去做；但如果是"自己决定"的话，员工们可以发挥自己的智慧，生产力也会因此有飞跃般的提升。

在工作中遵守已经决定好的事情是非常重要的，但是如果能设置一个可以将"被决定"转变为"主动决定"的组织机构的话，就可以产生许多智慧。在对已经决定好的事情产生疑问的瞬间，也就是可以发挥智慧的时机。发挥出属于自己的智慧，自己决定更好的规则，是非常好的一件事情。

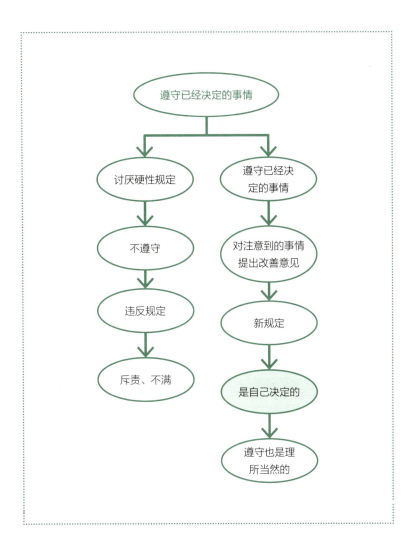

32

下一道工序是顾客，
因此要用心倾听顾客的困扰

在"丰田式"生产方式中有这样一种说法："前期工程是神，后期工程是顾客。"前期工程为我们提供自己无法生产的零件和材料，后期工程对我们的工作进行验收。

在产品开发遇到瓶颈时，要倾听顾客的声音；在进行改善不知所措时，要倾听顾客的声音。发挥智慧，解决困扰顾客的问题，是最有效的做法。

这件事发生在丰田员工Q被借调到某企业时。Q负责生产部门和采购部门，在入职那天，他从上一任那里收到了交接资料。其他部门的负责人对Q说："只要按照交接资料里写的去做，就不会有什么问题。"

    Q并没有看自己收到的交接材料，而是亲自到采购部门的下一道工序——生产部门和生产部门的下一道工序——物流部门去考察。然后，Q对各部门的负责人说："今后由我来负责采购部门（生产部门）。因此，我想请大家把自己感到苦恼的事情，比如'上一道工序这样做会比较好'，列举出5个，根据苦恼的程度按顺序写下来交给我，今后我将会优先改善这5点。"

    在Q之前，从来没有人说过这样的话。因此负责人对Q的这项提议感到很困惑，但他们还是针对上一道工序写下了5个需要改善的地方，比如"这样做的话会比较好""希望能再进一步按照这种方法进行"，并标明了改善的顺序。

    他们所提出的需要改善的内容与交接材料里的内容截然不同。之前的负责人无视下一道工序的困扰，只图自己方便，但Q把下一道工序的便利放在第一位，无论多么困难也尽可能地改进。结果，在各部门追求下一道工序的"便利"之后，下一道工序的附加价值增加，真正实现了更好、更快、更便宜的目标。

    当不知道在工作中应该做什么，应该改善什么时，就去下一道工序看一看，问问那里的员工有没有什么苦恼的事情。从事某项工作的当事人是很难注意到苦恼的事情的，但在那项工作之后的下一道工序里工作的人肯定有各种"要求"和"困扰",比如"这个地方如果这样处理就好了""如果能把这个地方再做一下就好了"。

认真倾听那些要求和困扰,发挥智慧去思考怎样做才能解决,这样才能有所改善。下一道工序是顾客。如果能认真倾听顾客的困扰,就会产生许多智慧。

下一道工序的困扰大多来自公司内部或者与自己公司有关的企业。但对于出售产品、提供服务的员工们来说,他们的下一道工序是真正意义上的顾客。顾客会对产品提出各种意见,其中也包括投诉。"丰田式"把这种投诉看作是改善的契机和发挥智慧的契机。

如果把顾客的投诉看成一件棘手的事情的话,就只会想着怎样才能处理好。但如果把投诉看作改善的契机,就可以发挥智慧,提供更好的产品和服务。顾客的困扰和投诉是发挥智慧的最佳契机。

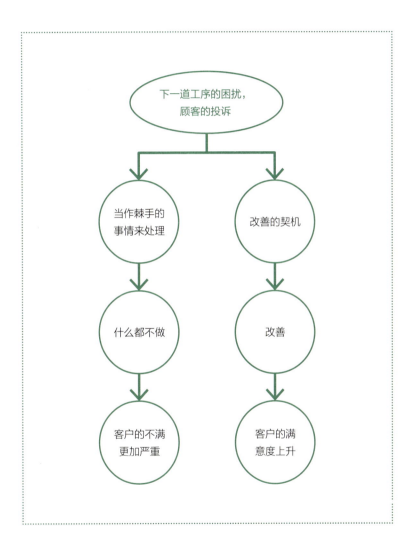

33

直面危机，
并将其转变为机会

到了退休年龄时，有人会提出"无大过"这种说法。这是指平安无事地度过了自己漫长的职业生涯，既没有经历大的失败，也没有遇到大的问题，这对本人来说是一件非常值得高兴的事情。但实际上，很少有"无大过"的情况，大多数企业都曾遭遇过许多危机。

危机也有许多种。既有因为自己公司的失误而导致的危机，也有像雷曼事件和东日本大地震这种无法依靠自己公司的力量来避免的危机。

丰田这个企业的一大特征就是将这些危机视为机会，将危机转化为飞跃的跳板。

　　提倡快速发展的日本所迎来的第一个危机就是石油危机。石油危机导致丰田无法进口零件、材料和石油等。在面对连产品也卖不出去的危机时，丰田生产管理部部长苦恼不已，于是他找到大野耐一先生商量。大野耐一先生这样鼓励他："你的运气很好，不是吗？正好是在你担任生产管理部部长的时候遇到了这样的问题，这是你可以凭借自己的力量使公司摆脱这个局面的绝佳机会。不管怎样，你如果不做些什么是不行的。"

　　据大野耐一先生说，石油危机时，丰田也感受到了很强的危机感。但在大野耐一先生看来，正因为谁都没有经历过这样的危机，这次危机才有意义。

　　为什么在直面危机时还能说出"这次危机很有意义"的话呢？在20世纪80年代日元不断升值时，丰田有这样一种说法："现在难道不是最好的时候吗？公司可能会因为日元升值而突然破产。那么为了让自己存活下来，就拼命努力发挥出自己的智慧，破解难局。如果能成为这样的企业，那么无论日元贬值还是升值，都能够存活下来，不是吗？我们必须依靠自己的智慧破解难题。这种程度的困扰难道不正是最好的机会吗？"

　　当然，没有危机是最好不过的。不过，不论危机的大小，企业和个人都曾经历过危机。"丰田式"认为，在遇到危机时，不要想着如何才能避开危机，而是积极地将危机转化为机会，通过智慧来摆脱危机。

本田的创始人本田宗一郎也把企业和个人遇到的难题称为"洪水"，他认为：无论是对于公司还是个人，洪水都是必不可少的。托洪水的福，我们才能有今天，是洪水让员工成长，并且让企业变强。

我曾经听说过这样一件事。某服务业的店长们被要求绘制出自己担任店长以来的成长趋势图，结果几乎所有店长都在业绩上升时在图表中画出了向上的趋势，在业绩下降时画出了向下的趋势。但非常熟悉店长的社长却画出了和他们完全相反的图表。因为社长认为，店长正是在遇到困难的时候才得以成长。

正因为是对自己来说是非常困难的时期，在上司看来才是成长最快的时期。正是因为处在应对困难和危机时，人才能努力发挥智慧，虽然很难但也因此而成长。

人不感到苦恼就无法发挥智慧。从这种意义来说，危机虽然是最大的苦恼，但也同时是发挥智慧最好的机会。在面对危机时，不要躲避，而要迎头痛击。

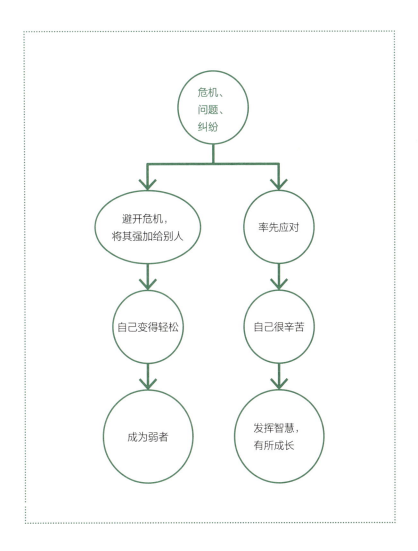

34

指出问题后，
还要提出解决办法

要说人们通常是看到他人的优点还是缺点的话，大多数人都倾向于看到别人的缺点。为什么人不善于发现他人的优点，却十分擅长看到他人的缺点呢？

某企业顾问对某中小企业的经营者说："请列举出贵公司的十个长处。"得到的回答却是："我们公司没有什么长处。"于是，该顾问又问："那有什么弱点吗？"结果这位经营者不一会儿就列举出了诸如没有好的员工、没有技术优势、没有知名度等超过10个弱点。

美国的企业管理学家德鲁克曾说过，"做成某事依靠的是强项"。

但是，本应依靠自己的强项来做生意的企业，到了这个经营者这里，却变成了没有任何强项，反而是在全是弱点的情况下，通过大家的努力来经营企业的。

不仅只有这位经营者是这样的情况。虽然不知道他是谦虚还是实话实说，实际上不仅仅是这位经营者，大多数人不仅对别的公司是这样想的，他们对自己公司和自己本身也是更善于发现弱点，而不是长处。

实际上，到企业现场去之后就会发现管理者中总有这样的人，他们指出各种问题，然后大声激励员工"再加把劲儿""再振作一点儿把事情做好"，仿佛把这种行为当成自己的工作一样。

对于这种只会批判员工的管理者，大野耐一先生是这样说的："如果到现场之后只会发牢骚的话，就干脆别来了。如果能够做到给员工提出意见，并告诉他们怎样才能做得更好的话，再来现场。"

凡事都是这样的，抱怨某人的工作没有做好，这并不是一件难事。苹果公司的创始人史蒂夫·乔布斯曾问过："你是只会批判别人的人，还是可以做成某事的人？"其实，这其中难的是做成某事。

如果只会批判的话，虽然有许多有能力的人，但是却没有人能够针对被批判的问题想出改善的对策，并将其付诸实践。批判只需要知识就够了，但要想知道"怎样做才好"，是需要智慧的。

因此，大野耐一先生经常对年轻的丰田员工们这样说："多的是能诊断现场的人。你们并不是负责诊断现场的人。你们必须成为能够改善现场的'治病人'。无论如何诊断，现场也不会因此而变好。试着给现场进行能够使之改善的治疗，才有可能使现场变好。"

在有了知识以及批评家的立场之后，看到现场就可以诊断出问题出在哪里、哪个地方需要改善，并且也能像企业顾问那样写出很厚的报告书来。这些被指出的问题大多数都是正确的，但能够正确指出问题又能改变什么呢？什么也改变不了。

要想有所改变，就要针对指出的问题，认真地调查其原因，发挥智慧进行改善。例如，严格检查生产出来的产品，然后将合格品和不合格品分开，但仅仅这样的话，并不能改善产品的品质。要想提升产品品质，将良品率提升到接近100%的话，就必须发挥智慧对此进行改善。要想提升发挥智慧的能力，不仅要指出问题和缺点，更重要的是要思考"怎样做才能使之变得更好"，并将其付诸实践。

虽然指出问题十分重要，但更重要的是，提出问题后要充分发挥自己的智慧。

35

经济景气的时候
正是产生智慧的时候

我们"丰田式"的想法是，"不感到苦恼就无法产生智慧"。"丰田式"的原点是，在没有人力、物力、财力的困难条件下，想着"如果不做些什么就完了"，才能努力发挥智慧。但是，如果观察丰田后来的发展，就会发现丰田几乎没有遇到过极度困难的情况。丰田拥有被称为"丰田银行"一样多的资金，在雷曼事件出现之前一直顺风顺水地不断成长。

总之，在丰田的历史中，几乎都是顺利的时代。实际上，在一切顺利进行的时候进行改变、为了变革而产生智慧是很难的。

当我们把目光转向体育界时可以发现，连胜的常胜军团陷入状态不佳的境地大多是因为队伍在不知不觉间变得过于依赖能够取胜的战术和选手，而没有进行改变。所以，当主力选手的巅峰期过去之后，以主力选手的退役和低迷期为转折，队伍一下子就成了无法取胜的队伍。

我们应当理解"改变"的重要性，但在胜利面前，改变需要巨大的勇气。对失败的恐惧阻碍了人们迈出改变的第一步，但正是勇于在顺境中进行改变的企业、组织和团队才能连续不断地取得胜利。

丰田的特征之一就是，"改革要在有经营能力的时候进行"。改革通常伴随着痛苦，如果在有余力时采取对策的话，就可以减少痛苦。在顺境中，时间、资金都很充裕，人的心情也都很好，正因如此才能发挥出智慧。即使感到痛苦，也可以将其遏制在最低的程度。

另一方面，如果推后改革，直到销售低迷、资金短缺的紧急关头才想起要改革的话，就会承受更大的损失和痛苦。而且因为已经失去了可以减轻痛苦的力量，所以只能默默忍受着。

大野耐一先生曾说："当真正贫穷时，就会'贫穷则钝'，贫穷的时候是无法发挥出好的智慧来的。变穷的话就只会想一些很笨的主意。所以，经济景气的时候才能发挥出智慧。"

在经济景气的时候、盈利的时候，能够发挥出各种各样的智慧、尝试各种各样的事情。但在走投无路时，唯一能做的就是辞退员工。虽说这样叫作"减量经营"，但实际上不是减掉了"赘肉"，而是减掉了自己的"血肉"。

丰田为避免这种情况发生，越是在经济景气的时候就越时刻保持着危机感，未雨绸缪。以前，丰田曾进行过组织改革，以解决由于组织的巨大化而导致的大企业病，这是在日本的企业中进行的最早的改革。当时，周围有许多反对的声音："为什么要在这么赚钱的时候这样做？"对此，当时负责改革的董事说明了理由："现在必须这样做。因为现在我们公司还有多余的资金，即使失败也可以重新开始。总之，先尝试去做一下吧。"

正因为是经济景气，所以即使改革的结果不尽如人意，企业也不会受到很大的伤害，也有可以重新再做的余力。人如果不感到苦恼就无法发挥智慧。但在真正苦恼的时候，即使让他发挥出智慧，他所能发挥的智慧也十分有限。

在经济景气的时候保持危机感，才能发挥出智慧，才能有勇气进行改革。这也是充分发挥智慧的重要原则。

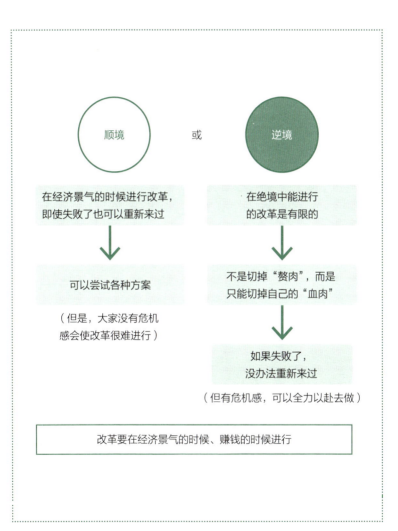

顺境　　　或　　　逆境

在经济景气的时候进行改革，
即使失败了也可以重新来过

在绝境中能进行
的改革是有限的

可以尝试各种方案

不是切掉"赘肉"，而是
只能切掉自己的"血肉"

（但是，大家没有危机
感会使改革很难进行）

如果失败了，
没办法重新来过

（但有危机感，可以全力以赴去做）

改革要在经济景气的时候、赚钱的时候进行

🎙 / 大野耐一语录 /

要想拥有很强的说服力，

自身需要保持谦虚的态度。

第 **6** 章
————

充分发挥智慧进行比较、讨论

目的只有一个，
但方法有很多

要想拥有发挥智慧的能力，要重视"目的只有一个，但方法有很多"这一"丰田式"的思考方式。

例如，在面对某课题时想出来一个好主意，即使这是一个自信满满的主意，丰田也会这样问想出主意的人："你有没有替补方案？把你的解决方法和替补方案比较一下看看。"这可以说是非常严格的质问。想出一个办法就已经很难了，如果想出的办法本身就很好，却还被问"有没有其他方案"，很多人就会觉得："明明都有这么好的办法了，还有必要想出其他办法吗？"

但是，如果没有替补方案的话，又凭什么说自己现在想出的方案是最好的呢？践行"丰田式"的某企业为应对急速增加的物流投诉（延时发货、弄错收货地址、数量不足等），认为购买自动分类器是最好的解决办法，于是花费了2000万日元购买了自动分类器。

但在认真调查原因之后，员工们发现，在延迟发货的原因中，因对货物进行分类而导致的延迟占了70%。在进一步调查原因之后，他们发现，生产延迟和生产中的失误也占很大的比例。

这样一来，就并非是导入快速分类货物的自动分类器就可以解决问题了。包括生产方式等在内，这个企业必须要进行许多改善，才能减少物流投诉和索赔。

像这种自以为的最佳方案，如果从各个角度全面来看的话，就不一定是最佳方案了。如果忘记这一点，一心觉得某个办法就是最好的办法的话，就会导致许多问题因此被搁置。

正因如此，"为达成某一目的，要有多种方法"，考虑各种方法，认真进行比较，这一点是非常重要的。

登山也是同样的道理，到达山顶的路并非只有一条。在日常生活中也是如此。除了我们每天习惯的道路，还有其他的近路、远路和可以顺道的道路。这些道路都有其各自的优点和缺点。

要想拥有能够发挥智慧的能力，就要养成这样的习惯：针对某一目的，想出多种方法。要想出三种方法：第一种方法是需要花费金钱进行的改善；第二种方法不需要花费金钱，是需要发挥智慧进行的改善；第三种方法中和了前两者的方法。

虽然其中也可能会有被认为不能使用的方法，但先不要在意这些，尽可能多地想出方法，然后比较各种方法所需要的金钱、时间以及风险和效果。比较之后，从中选出一个最好的方法。

在企业中，即使是大家举双手赞成的想法，其中也可能隐藏着陷阱。"丰田式"认为：对于大家全都赞成的办法，如果没有异议，就制造异议。在清楚地了解大家的异议之后，再去实行。

不管是不是"好主意"和"全员赞成"的主意，勇于思考多个方案并提出不同意见需要花费许多时间和精力。但是，在想出许多主意的过程中，人们也会拥有发挥智慧的能力和选择最佳方案的能力。

在丰田式的改善中十分重要的事情

现场实地考察

努力发挥智慧

考虑多种方案

比较多种方案

选择最佳方案

37

质疑常识和规则，
改变错误的规则

谷歌的创始人拉里·佩奇和谢尔盖·布林在创业之初是毫无社会经验的年轻人。那么，他们为什么能够取得如此大的成就呢？他们曾这样说："伟大的科学家因为无视常识、听从本能而取得了成功。经营公司也是同样的道理。"

学会质疑普遍被认可的说法，比如"经营公司是这样一回事""检索是这样一回事"。对于"不可能"保持质疑，是谷歌成功的秘诀。

要想发挥智慧，很重要的一点是不要被业内以及公司的常识、习惯和普遍认可的说法所束缚，要时常持有质疑的目光。

例如，经常会有这种情况：好不容易有了好的想法，却被告知这无法在规则内实行，于是只能不得已放弃自己的想法。在这种时候，我们应该考虑的是，真的是规则不允许吗？

在规则中，确实有因为法律关系而无法轻易改变的东西，但也有可以根据公司的判断而轻易改变的东西。以规则不允许为由，轻易放弃好不容易想出来的好主意，是一件非常浪费的事情。

践行"丰田式"的某企业领导R，有一天去工厂的时候发现女卫生间的前面排了很长的队。他一问才知道，原来是因为在10分钟的休息时间内，大家都一起去卫生间，所以导致排了很长的队，也因此牺牲了休息时间。虽然，增加卫生间数量是一个很好的解决办法，但是对于当时正在重建的企业来说，已经没有多余的资金了。

因此，R对负责人提议："能否将每条生产线的休息时间错开5分钟？"得到的回答却是"这样不行"。理由是：规则里不允许这样做。虽说是规则，但其实是自己公司制订的规则。而且，让员工感到苦恼的现状也是事实。实际上，并非错开休息时间就会导致生产故障。而且，总是以"规则里是这样说的"为理由而拒绝各种提议的话，就不会再有新的想法产生了。

在这种情况下，R在员工们休息时向他们征求"感到苦恼的事情"。如果是通过改变规则就可以解决的事情，R就会立马对此进行改善；如果规则是拦路虎的话，那就改变规则。R随机应变的处理方式取得了成效，不久之后，生产现场也变得不被规则和常识所束缚，员工们能够自由地发挥智慧，公司的生产力得到了快速提升。

丰田的原社长丰田英二先生曾这样说过："对于错误的规则，我们必须对其做出改变。"即使规则决定一切，但如果规则跟不上时代潮流，或者有因为规则而感到苦恼的员工和顾客的话，我们应该做的就不是遵守规则，而是改变规则。

在苹果公司的创始人史蒂夫·乔布斯年轻时，当他知道自己的创意不被法律允许时，说道："那就改变法律吧"。结果，他真的改变了法律，实现了自己的创意。如果把规则和法律作为办不到的理由，那就无法实现创新。重要的是要知道什么是正确的，什么是更好的。我们绝不能以规则不允许为借口而放弃发挥自己的智慧。在发挥智慧时，时常对规则和常识保持质疑，也是十分重要的事情。

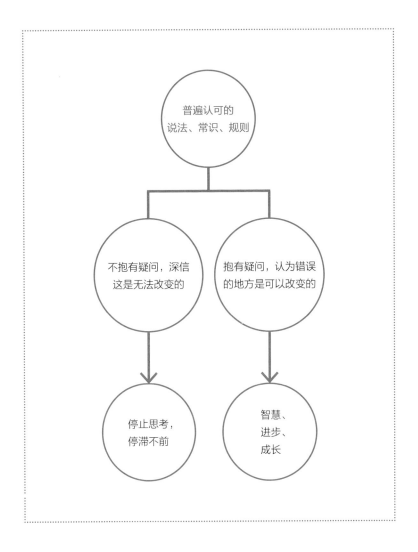

38

多问"为什么"

要想发挥智慧，就要多问"为什么""为了什么"。对于现在正在从事的工作，多问"为什么要这么做""这么做的目的是什么"，在提出疑问的过程中，可以注意到新的问题，从而可以产生改善的智慧。

在生产产品时，降低成本是非常重要的事情，但单纯地降低成本并非是一件好事。例如，降低成本之后可能会使产品品质下降，失去顾客的信任。在降低成本时，应该考虑怎样做才能在维持、提升产品品质的同时，降低成本。

在削减成本时，常用的方法是"VE（价值工程）"。这种方法是通过着眼于产品的功能，实现"更好、更便宜"的生产方式。这种方法诞生于1947年，第二次世界大战结束之后的两年。当时，美国最大的电机制造商通用电气（GE）工厂里的地板覆盖物使用的材料是石棉（当然，现在石棉已经被限制使用），维修工程和扩张工程需要大量的石棉，但由于战后物资不足，无法充分保障石棉的量。

这时，有位生产商问道："你们用石棉来做什么？"在通用电气（GE）的负责人说明了需要石棉的原因后，这位生产商告诉他，有一种材料的性能和石棉相同，而且更便宜。

在此之前，通用电气（GE）从来没有考虑过使用石棉以外的材料。在尝试使用被告知的材料之后，确实如那位生产商所说，其是非常好用的材料，而且价格也比石棉便宜很多。

这个成功案例很快就传到了管理层的耳朵里，于是管理层的领导命令下属调查是否有其他类似的情况，调查之后发现，有许多可以维持、提升性能的廉价材料。这不久之后成为与价值工程（VE）相关联的通用电气（GE）石棉事件。

在"丰田式"中有这样一种说法，"目的只有一个，但方法有很多"。这不仅仅是指改善的方法，对于很多事情来说也是这个道理。不要认为现在正在使用的东西是最好的，多问为什么要使用这个东西，这是产生智慧的关键。提出疑问时不要局限于零件和材料。例如，践行"丰田式"的某企业领导S就对他的员工说："我希望你能想想为什么要戴安全帽。"

在S的公司里，所有员工都会在工作时间戴好安全帽，因为是出于安全的考虑。但是据S说，在产业界中，也有像汽车组装工厂的员工们那样不佩戴安全帽的情况。这并不是怠慢，而是因为考虑到戴了安全帽之后，人的运动能力、五种感官以及思考能力都会有所下降。

但这并不是说没有必要佩戴安全帽。为什么在从事相似工作的工厂中，有的戴安全帽，有的不戴呢？在认真思考其中的原因之后，可以注意到许多问题，并由此产生智慧，成为新的启发。

忘记原由，只会以"因为规则是这样的""这是常识吧"来敷衍了事的话，是无法产生智慧的。对于大家都认为理所应当佩戴的安全帽，也要提出"为什么要戴安全帽"的疑问，这样才能产生新的智慧。

即使现在零件、材料和工作方法都是最好的，也并不意味着明天这些也还是最好的。经常问自己"为什么要这样做""为什么要采取这种做法"，才能磨炼产生智慧的能力。

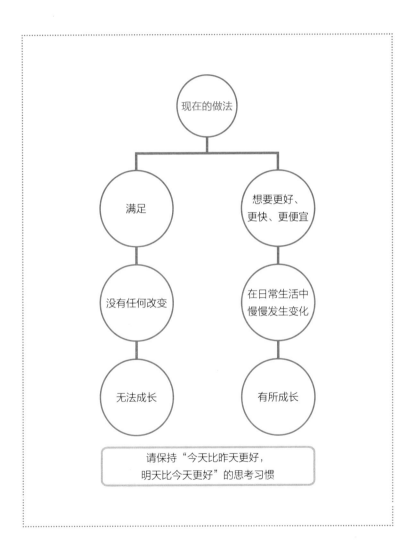

39

站在比自己高两级的
立场上思考问题

在工作中，"丰田式"生产方式很看重个人的效率和整体的效率。提高效率是非常重要的事情。如果只是单纯地提升某一道工序的效率，"再多生产一些""再快一些"，而无视其他工序的效率的话，就可能产生问题。

这样做的话，确实可能会使那道工序能够更快地生产出更多产品，但如果下一道工序的效率还和以前一样的话，就会导致许多产品积压下来。而且，自己负责的工序更快、更多地生产产品的话，就会需要前一道工序也要更快、更多地生产产品才行。

这样的话，不仅会降低整体的效率，而且各个工序都会产生许多浪费。当然，这样做并不是因为不负责任。"想让自己负责的部分能够做得更好""如果自己做不到的话会觉得很抱歉"，这种责任感确实能够提高个人的效率。但"丰田式"认为，不能只考虑自己，还需要有可以纵观全局的能力。

以前，在张富士夫先生担任丰田汽车公司社长时，曾被问过"什么样的人可以有所发展"。他认为是"有全局观的人"。不要对其他部门进行批判，说"那里不行啊""那个地方的工作做得不好"，而应该带着自己的下属去存在问题的现场，对下属说："这个问题如果得不到改善的话，就无法生产出好的汽车。所以你帮他们一起改善吧。"然后，让下属和他们一起解决问题。

张先生认为，这样的人可以赢得大家的信赖，并且有所发展。不要只考虑自己的事情，而要纵观前后各道工序以及整体的情况，这就是"丰田式"所提出的"站在比自己高两级的立场上思考问题"。

一位丰田前董事曾说过这样的话："我从年轻的时候就被教导'要站在比自己高两级的立场上思考问题'，所以我对自己的员工也是这样要求的。要想和其他企业交战并取得胜利，需要同时提升个人的竞争力和组织的竞争力。"

不担任要职的年轻员工通常只顾做好自己的工作，所以要让他们站在主任、股长①的立场上思考问题。如果是股长的话，就让他站在科长、部长的立场上思考问题。这样一来，就可以把自己现在的智慧提高到比自己等级高的领导的水平上。

某位经营者在他年轻的时候，曾经从他的直属上司那里得到了这样的意见："你并不是十分优秀的人。所以，从你身边找出一个最优秀的人，然后以超过他为目标不断努力吧。等超过他之后，再以科长、部长为目标。"

从那以后，这位经营者就以职场中的某个人为目标，然后为了追赶、超越那个人而不断努力。具体的做法是，如果上司要求自己的前辈提交一份报告书的话，他就站在自己的立场上也写出一份报告书。然后和前辈的进行比较，找出自己不足的地方。或者经常思考：如果我处于那个人的立场的话，我会怎么做。

一旦养成站在"比自己等级高的人"的立场上思考问题的习惯，就可以不必等待上司的指示也知道接下来该做什么，可以做出明确的判断。

站在比"现在的自己"更高一些的立场上思考问题，可以使人有很大的成长。不要仅仅关注"自己"和"自己的岗位"，拥有纵观全局的眼光是十分重要的。这样一来，所发挥的智慧也会更上一个台阶。

---

① 股长：此为日本企业中职务，是最基层的管理骨干。——译者注

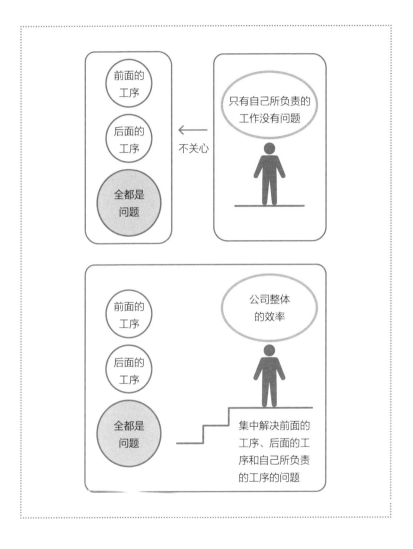

40

不要被经验束缚

虽然经验和知识在工作中十分重要，但有时知识和经验也会妨碍员工们发挥智慧。

某办公用品制造商的领导T是业内人尽皆知的经营者。在T的领导下，该公司发展顺利，业绩不断上升。但从某个时候开始，该公司的业绩不再像预期那样上升了。为了摆脱这一困境，该公司导入了以"丰田式"为基础的生产方式。

在导入"丰田式"生产时，T曾去许多践行"丰田式"的企业参观考察，并充满热情地投入到这件事中。但在这个过程中，T发现自己的知识和经验会妨碍改善的步伐。

在访问某企业时，T看到打包用的纸箱数量和种类远少于商品的种类，而且纸箱上连商品名也没有印刷，他对此感到非常吃惊。一问才知道，原来这是出于保护环境的考虑，以及由于运输系统得到了改善，所以减少了用于打包的纸箱数量，关于商品名的印刷也转变为事先写在纸上然后再贴到纸箱上。

另一方面，在T的公司里，一如既往地使用印有巨大商品名的纸箱来进行打包操作。有的商品卖不出去，就会导致纸箱大量剩余，被压在库存纸箱的最下面，最后只能扔掉。

这些全都是T以前的常识所导致的结果。T所拥有的常识是，"打包就应该是这样的""纸箱的进货需要花费时间"，他也一直按照这些常识来做。但是对于现在而言，那些都是过去的常识了。

经过反省之后，T把与打包有关的改善任务交给了年轻的员工。于是，纸箱的库存急剧减少，打包过程也更加考虑环境，在客户那里也受到了欢迎。

T就是因为有着丰富的行业经验，所以才被以前的常识所束缚，没能跟上时代的变化。对于T来说，这是一次有冲击的经历。但另一方面，T也因此知道知识和经验会妨碍改善，并且也注意到这是可以活用年轻员工智慧的机会。

大野耐一先生在创立改善推进部门时，所用的员工有一大半都是不了解生产现场的外行人。对此，大野耐一先生说明了他的理由："你们这些外行在现场觉得浪费的地方，一定是真的浪费。"

大野耐一先生认为，老员工只会凭借自己的知识和经验工作，反而会看不到浪费的现象。相反，年轻且没有经验的外行人因为是直接通过眼睛观察现场，所以很容易发现浪费的现象。正因为如此，大野耐一先生的做法是，比起老员工的意见，必须倾听外行人的意见。

在业内掀起革命的通常是没有业内经验的外行人。没有知识和经验、以坦率的目光观察事物的外行们感到"奇怪"的这件事本身就是一件奇怪的事情。这样做的话会怎么样呢？这种想法有时可以成为一个非常棒的智慧。

有经验的人需要时刻铭记的一点是，在观察事物时不要被自己的经验所束缚，而要成为一张白纸，然后观察事物。大野耐一先生经常让年轻的丰田员工们画一个圆，然后让他们站在那个圆里观察现场。这是大野耐一先生在教他们"成为一张白纸，然后观察事物"的重要性。

要想发挥智慧，不要依赖于已有的知识和经验，而是让自己成为一张白纸，再来观察事物。抛弃先入为主的观念再来进行思考。

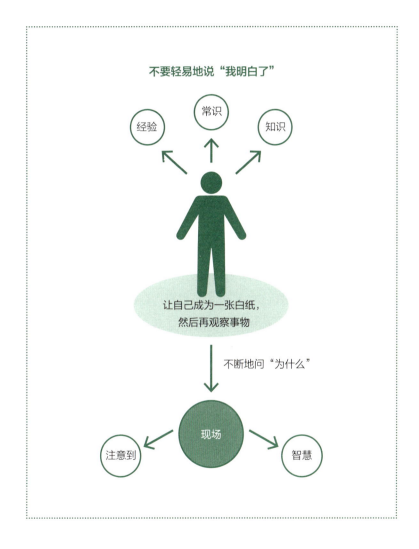

改善是没有终点的

在发挥智慧并进行改善时，虽然也有人想要从一开始就进行大规模的改善，但如果可以的话，最好还是从小的地方开始，然后慢慢地完成全部完善。这是比较现实的做法。

发挥智慧、进行改善其实是一种习惯。一个智慧可以引导出另一个智慧，如果积累下来就可以产生更大的智慧。重要的是不要满足于某一次的改善和成果，而要想想有没有更好的方法，不断追求更进一步的改善。

在践行"丰田式"的U公司里，生产线的电力是由设置在工厂墙面和屋顶的太阳能镶板提供的。

太阳能发电可以减少二氧化碳的排放，对环境大有裨益。但最初U公司并没有想到有一天真的能实现利用太阳能发电。这是在一个一个小的改变不断重复的过程中逐步实现的。

U公司从很久以前就十分关心环境，也曾经想过能否利用太阳能发电来进行产品制造。但当时的制造方法需要庞大的电力，即使导入太阳能发电，也只能提供一部分电力。这样的话，即使导入太阳能发电，也只是在形式上对环境友好。因此，U公司放弃了利用太阳能发电。

变化发生在由大量生产方式转变为按需生产的过程中。在这个过程中，员工们自己创造出了全新的生产线。这条生产线叫作台车牵引生产线，要使这条生产线运转只需要1台发动机，这与以前需要超过50台发动机的情况相比，可谓是大大减少了所需发动机的数量。

发动机的数量减少，所需的电力也会减少。新生产线所消耗的电力是从前的1/80，这样一来就可以使用太阳能发电了。于是，U公司以此为契机开始利用太阳能发电。

在U公司工作的员工们之前一直思考的是如何灵活应对顾客的订货和怎样才能消除浪费。为实现这两个目标，他们不断发挥自己的智慧，从小的改变做起，不断累积，终于制造出了新的生产线，达成了全部电力都依靠太阳能发电来进行供能的绝佳成果。

主导这些生产改革的U公司领导在看到工厂屋顶的太阳能镶板时，内心对太阳充满了感谢之情。他说："我认为，一个改善会引导出下一个改善，然后会向新的改善不断扩展。虽然在生产产品的时候我也认为没办法进行没有浪费的产品制造，但在这样尝试去做之后，反而达到了节能和保护环境的效果。"

在进行改善时，没有必要在一开始就设立一个大目标。从小的改善开始做起，不断积累，就很好了。但是，在看到小的改善所带来的成果后，不要因此而满足，觉得自己已经做得很好了，而要想想有没有更好的方法，这一点是十分重要的。在"丰田式"中有这样一种说法：对已经改善的地方再进行进一步的改善。

大多数人在进行了一次改善之后，都会满足于改善的结果，认为这个地方已经变得更好了。但若仅仅满足于此，就无法进行进一步的改善。对于已经改善过的地方再进行进一步的改善，才能发挥更多的智慧，进行更多的改善。如果有所留意的话，可能还会有意外的收获。

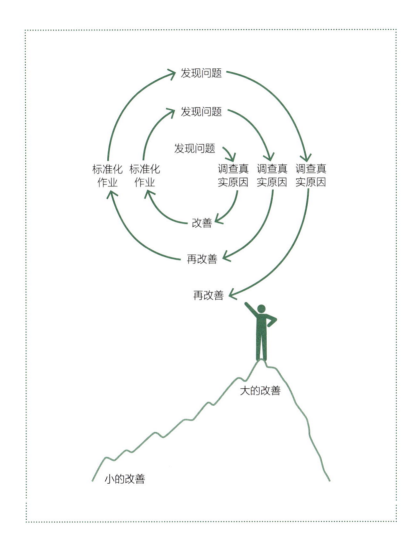

42

成功时也要反省自身

要想发挥智慧，就需要大家对于理所当然的常识心存疑问，对于公司决定的规章制度等，多问"为什么"。即使在想出好主意时，也要想想有没有其他的方案，这样才能扩大思考的范围，使好主意变为更好的主意。

此外，还有一点需要注意的是面对"成功"时的态度。

如果要说获胜的队伍和连胜的队伍之间有什么不同的话，那就是获胜的队伍会沉醉于一次比赛的胜利，但连胜的队伍在取得胜利之后会认真反省，丝毫不敢怠慢接下来的比赛。

何塞普·瓜迪奥拉曾担任巴塞罗那足球俱乐部、拜仁慕尼黑足球俱乐部的主教练，荣获无数桂冠。他的口头禅之一就是："即使是在胜利之后，也需要进行改变。"企业也是如此。但在取得巨大成功后，再想要改变些什么的话，就会需要很大的勇气。对畅销的产品进行产品更新时会担心更新之后销量会下降，也就因此将产品更新搁置了。

瓜迪奥拉认为，通常在比赛中取得了压倒性的胜利，就会想在今后的赛季中也延续同样的阵容和战术，但要想保持连胜，就必须重新冷静地审视自己队伍的战斗力和战术，并不断做出改变。

丰田要求员工们在失败时写出"失败报告"，以便让大家共享在失败中产生的智慧；在面对成功时，也要花费时间和精力，努力将大家的智慧转变为能够保持成功的智慧。

某一次的成功可能是偶然，所以如果想持续不断地获得成功，就必须认真分析产生结果的过程。虽然"做成了什么"的结果很重要，但更重要的是"如何做到的"的过程。如果能够很好地管理整个过程，那么无论什么时候、无论做多少次都会取得一个好的结果。这就是"丰田式"的思考方式。

大野耐一先生曾说过这样的话："从失败中学习经验是理所应当的事情。如果达成了某一目标，就仔细分析能够达成目标的原因，并将其活用到下一次的工作中去。而不能仅仅满足于这次的成果。在未能达成目标时，大家都会去追究失败的原因。但几乎很少有人会在达成目标之后进行自我反省。深入调查达成目标的原因，然后将其活用，是非常重要的。"

在工作中如果同样的失败出现两三次的话，是很让人为难的。不能从失败中总结出经验教训、不断重复同样失败的人，是无法得到同事们的信任和依赖的。虽然拖时间不正视失败的人让人为难，但失败时选择忘记失败且只顾向前走的人更让人感到为难。

认真反思失败的原因，争取不要再犯同样的错误，这是工作的基本。同样，在成功时也不能仅仅觉得自己做得很好就可以了，要弄清成功的原因，把偶然的成功转化为必然的成功。不要重复同样的成功，也是十分重要的一点。

人们总是会在取得一次成功时，就想着下次也用同样的方法。但这样的话，既无法发挥智慧，也无法取得进步。我们在成功时也要进行反省，"下次再做得更好一些"，如果能养成这样的习惯，就不仅仅是取得成功的人，而是一直取得成功的人。

失败的话就反省失败的原因，成功的话就反省成功的原因。认真调查失败和成功的原因之后，改善需要改善的地方。只有这样，成功和失败的经历才能成为今后的智慧，才能成为大家的智慧。

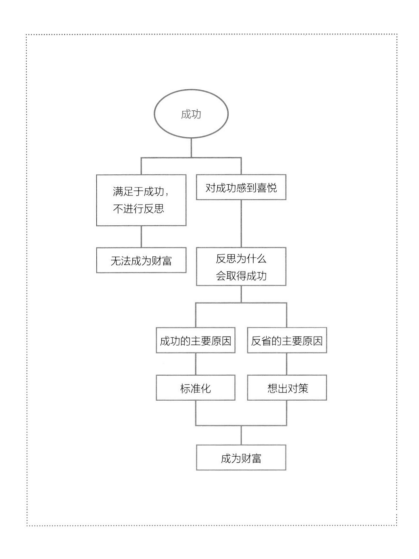

进行操作上的改善是在现有设备的条件下能采取的最佳做法。不要一开始就制造新的工具（设备），重要的是思考如何转变工作方式。

第 **7** 章

相信群众的智慧

43

改善大作战之
"三个臭皮匠，顶个诸葛亮"

即使被要求发挥智慧、进行改善，也需要很多步骤才能完成。例如，注意到问题、调查问题发生的原因、思考解决问题的方法、将方法付诸实践等，这些都是必不可少的步骤。

很少有人能够自己完成以上所有步骤。每个人都有自己擅长和不擅长的事情。擅长发现问题的人，不一定也同样擅长调查原因、思考改善方案。同理，擅长思考改善方案的人也不一定擅长发现问题。

那么，这样的人就无法发挥智慧了吗？当然不是。"丰田式"的特征之一就是"大家一起"。例如，即使每个人只能想出一个很小的办法，那么把大家想出的办法集中到一起，就可以形成一个可以出色完成改善的好办法。

大野耐一先生把这种做法叫作积少成多。公司领导的职责不是激励员工们发挥智慧，而是认真倾听大家的微小发现和想法，并将其汇总到一起，然后提出可以在现场发挥效果的改善提案。

同样，在"大家一起发挥智慧"的这一做法中，有一种做法是"三人合作的改善提案"，也被称为"三个臭皮匠，顶个诸葛亮。"

通常，发挥智慧是从注意到问题开始的。有一个人会最初注意到某个问题。这个人是注意到"这个操作很难进行""这个工具很难使用"的人。

但一旦领导对提出问题的这个人说："既然你说这样很难操作，那你就自己想想怎样才能改善这个问题。"那么，提出问题的人就会觉得自己无论说什么，领导都不会采纳，因此选择放弃，并且不会再把自己注意到的问题向领导汇报。但如果注意不到问题，就无法产生智慧。

要想产生智慧，在有人提出问题时，就需要有人认真调查问题发生的原因：为什么会很难操作？这样做的话，结果会怎样？然后思考解决方案，这就是第二个人的任务。

最后，还需要将想法转化为实际行动的人。这三个人一起制成改善方案并将其付诸实践，就是"三人合作的改善提案"。

说起发挥智慧，很多人会觉得是全部工作都需要自己一个人来完成，但工作本来就是大家相互协作的。正因如此，智慧也是许多小智慧汇集在一起形成大智慧。在面对某一课题时，每个人选择自己擅长的事情去做，就可以形成能够利用的智慧。

托马斯·爱迪生就是如此。爱迪生在他的一生中获得了超过1000项专利。他之所以能够取得这样的成就，离不开对他的想法进行实验然后使之成形的众多研究所的工作人员们。

"丰田式"生产方式认为：智慧存在于大家之中。如果要说有什么不同的话，就是有擅长发挥智慧的人和不擅长发挥智慧的人。在这种情况下，最好的做法就是将大家的智慧都集中起来，从而培育出更大的智慧。

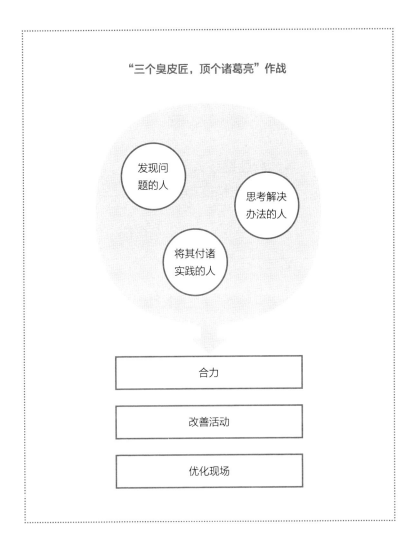

"三个臭皮匠，顶个诸葛亮"作战

发现问题的人

思考解决办法的人

将其付诸实践的人

合力

改善活动

优化现场

44

智慧是在人与人的
联系和相遇中产生的

创新是在什么样的环境中产生的呢？说起IT企业，有人会对其抱有一种非人类的印象。曾引发数次创新革命的苹果公司创始人史蒂夫·乔布斯曾说过这样让人感到意外的话："在网络时代，很多人会认为通过电子邮件、聊天等可以产生新的想法。没有这样愚蠢的话。创造性是从漫无目的的对话和讨论中产生的。偶尔询问遇到的人最近在做什么时，就可能会从对方的回答中听到让自己觉得很不错的内容，许多想法也就由此而产生。"

总之，想法是在人们相遇后进行没有目的的谈话时、互相激励时、共同协作时产生的。

知识可以通过阅读书籍、听演讲来获取，但智慧大多需要通过工作和人际交往才能得到。工作是从一个人传到另一个人，并通过人与人之间的合作来推进的。正因为如此，要想培育出智慧，就需要我们和人接触、和同事友好地争论，有时甚至需要我们离开自己的工作岗位。

虽说如此，在进入公司之后，与人交往的范围就会变得出乎意料地小。能够接触到的人充其量就是同一岗位的同事、客户，或者是与自己一起进入公司的人。丰田为了扩展员工们的交友圈，将不同年龄、不同岗位的人集中到一起，制成了纵、横、斜的人际关系网。

在丰田中，有各种社内团体。例如，在生产现场中有由工长级别、组长级别和班长级别的人共同组成的被称为"三层会"的团体。另外还有根据籍贯不同、岗位不同而形成的团体，以及同窗会、同乡会等多种多样的社内团体。

为什么会有这么多的社内团体呢？其中一个原因是丰田希望员工们能找到同伴。员工们彼此敞开心扉、加深了解，可以增强集体荣誉感和与其他同事之间的联系。这样一来，即使在职场中与上司关系不和，员工们在遇到问题时也可以去请教社内团体中的前辈，这样就可以顺利地解决问题。

生产现场的员工们不了解技术部员工们的辛苦，技术部的员工们也不了解生产部门的员工们的辛苦。离开工作岗位，在社内的各种友好会中互相认识、诉说自己的辛苦，可以让双方都能了解对方的辛苦，同时也可以吸取对方的智慧。

有了这种非正式的人际关系之后，当实际工作的场合发生问题时，也可以互相帮助。某位董事说，他从年轻的时候就积极地参加这种社内团体，在与团体内的人进行交谈时，可以说出自己不敢在会议中说出的真实意见，这些意见对于后来进行的改善和改革起到了很大的作用。"如果这样改变的话，会怎么样"，当想到某个主意时，在非正式的团体聚会中，人们可以不经意地提出自己的看法和意见，然后得到"这个还是这样做比较好"的意见，进而可以想出更好的主意。

既然工作是在与人产生联系的过程中不断推进的，那就尽可能多地与他人产生联系。小的想法也是在与其他人交谈的过程中得以不断完善的，倾听越多人的声音，越能明白自己该做什么。

也有的公司和丰田不同，几乎没有什么社内团体。但如果肯花工夫的话，也可以自己构筑出微小的"纵、横、斜的人际关系网"。在产生智慧、培育智慧的过程中，没有什么比人与人之间的联系更有效、更重要。

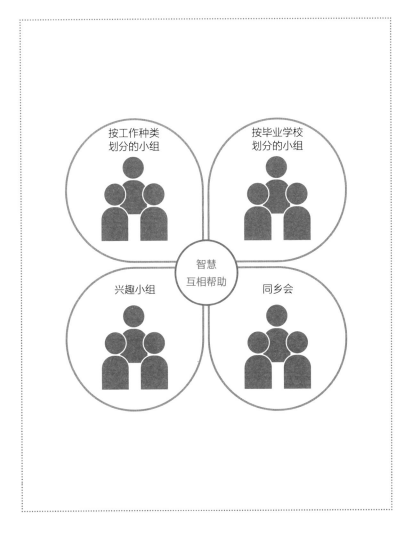

45

汇聚众人的智慧，
才能想出满分答案

工作是在人与人之间的关联与合作中完成的。同样，智慧也是在人与人互相交换意见的过程中产生的。

为推进某企业的生产改革，大野耐一先生派V到该企业工作。因为大野耐一先生曾说过V是个有智慧的男人，所以前来迎接V的该企业员工都对V抱有很大期待，希望V能帮助他们实现一些大的改善。但是，来到该企业的V在刚开始的一周时间里，除了到现场实地考察之外，什么也不想干。正因为这里的员工们本来期待着只要有"有智慧"的V在，就肯定能帮助他们进行改善，所以这让他们有种期待落空的感觉。但一周后的晚上8点左右，生产改革的负责人注意到工厂的灯还在亮着。他走近一看，V正在和几名员工一起制造某个装置。这是为了改善操作方式的装置，V让员工们试用生产出来的装置，在听取了他们的意见之后又重做了好几次。负责人问V为什么要这么做，V回答道："如果没有实际使用者的协助，是无法进行好的改善的。即使我们自己想着要制造出100分的东西，但实际上也只能制造出50分的东西。在得到实际使用者的建议之后，我们才能制造出100分的东西。"

V听取大家的使用意见然后进行改善，改善后再听取大家的意见，在晚上进行修改，到了第二天早上再让大家使用，然后倾听他们的意见，再进行进一步的改善，不断重复这个过程。

虽然这种做法看起来十分麻烦，但这就是V的做法：在使用者感到满意之前不断进行修改。

不久之后，大家都十分信任V。现场的人们都聚到V这里。"可以制造出这样的东西吗？""这个地方如果这样改的话会好一些。"像这样的声音不绝于耳。该公司的生产改革也因此步入正轨。

那位负责人在看到V的做法之后注意到，在"丰田式"的改善中，<u>最重要的不是强加于人，而是共同进步</u>。在这位负责人的下属里，以前有这样一个人，他对于自己的头脑过于自信，想要强行让现场的员工们实行自己想出来的改善方案。虽然他的改善方案确实很好，但现场的员工们对他的评价都很差，所以他并没能取得自己想要的成果。

另一方面，正因为大野耐一先生对 V 给予了高度评价，所以 V 在视察现场时能够注意到许多问题，比如这里这样做会比较好、这种做法这样做更好一些，脑海中也会浮现出许多想法。因为是从丰田来的，所以即使强行要求现场的员工们按照自己的想法去做，也不会有人说什么。但 V 却选择了视察现场，倾听现场的声音，借助现场员工们的智慧来推进改善。

这样一来，现场的员工们也能心甘情愿地进行改善，同时也可以产生"再这样做一下的话会比较好"的智慧。看着这样的 V，企业负责人注意到，大野耐一先生评价 V 是个有智慧的男人，这不仅是指 V 自身有智慧，而且还意味着 V 可以引导大家发挥出智慧。

说到发挥智慧，很多人会认为是"1 个人发挥智慧"，但"1 个人"没有必要发挥智慧。引导大家发挥智慧，将大家的智慧和自己的智慧结合在一起这件事情本身也很好地发挥了智慧。

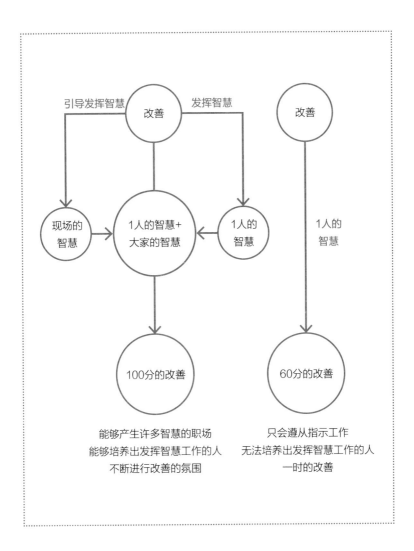

46

"横向传达"
好的智慧

智慧和想法没有必要都从零开始。发现这世界上优秀的智慧和想法，积极地吸收，也是智慧的一种。在这个过程中，还可以加上自己"＋α 的智慧"，使之成为更好的智慧。

如果报刊和电视等介绍了某企业的成功案例，就会有许多个人和企业蜂拥而至，提出"请一定让我参观学习"的请求。由此可见，人们对于别人的智慧和成功案例的关心出乎意料地高。

这本身是一件很好的事情。但很少会有人以同样的热情去吸取自己周围的智慧和学习成功案例。例如，吸取自己公司里的智慧和学习成功案例，并将其活用。

有时去考察其他公司的成功案例时，你会觉得这个公司很厉害，然后对其充满敬佩地回到自己公司。但以前自己公司的其他部门难道没有取得过同样的成果吗？或者，在发生事故时，认真调查之后发现在自己公司的其他部门也曾发生过类似的事故，但这个信息却没能得到共享。

一方面是因为企业是纵向管理的，在一定程度上处于封闭状态，消息不流通；另一方面是因为很难向其他部门传达好不容易才有的成功案例。以前也曾有过这样的情况：某部门好不容易发挥智慧，取得了成功，却没有人想要将这个消息告诉其他部门的人，也没有人想问。

为避免这样的情况再次发生，丰田创造出了"横向传达"这种思维方式。其契机是丰田英二提出"进行横向合作的改善"这一诉求。1963年，随着企业规模不断扩大，丰田英二指出，公司内部各部门之间的联系很弱，并这样说道："我希望在不同岗位上工作的大家能够积极地和其他部门的同事们取得联系，交换正确的信息。因为丰田的工厂分布在许多不同的地方，所以在公司中有许多从事相似工作的人。既然如此，我希望大家能将在某一工厂获得的知识，包括与事故有关的知识、性能上的知识，立马分享给其他工厂。如果能做到这些，就不会发生总公司的工厂大大提高了生产效率，但元町工厂的人却什么也不知道地去参观学习其他公司工厂的情况了。"

共享失败和成功，才能将"1个人的智慧"转化为"大家的智慧"。要想做到这一点，丰田的"横向传达"是十分有效的。

丰田员工W在完成某项改善之后向上司进行了汇报，于是上司问他："你看到结果了吗？"

W满足于自己进行了改善。但重要的应该是认真确认结果，如果有问题的话就继续进行改善。之后W回到了现场，认真观察改善过的地方之后发现其中还存在许多问题。于是W立即修改了存在问题的地方，然后向上司汇报说："这样应该没问题了吧。"但上司却问他："你将这些信息传达给其他部门了吗？"

上司告诉W："如果在进行改善之后得到了好的结果，就把自己的经验告诉正在面对同样问题的其他部门的员工们。"

没有必要非要靠自己来发挥智慧，将大家的智慧汇聚到一起就可以产生新的智慧。将产生的智慧告诉其他部门的同事们，就可以让原本微小的智慧变得出众。

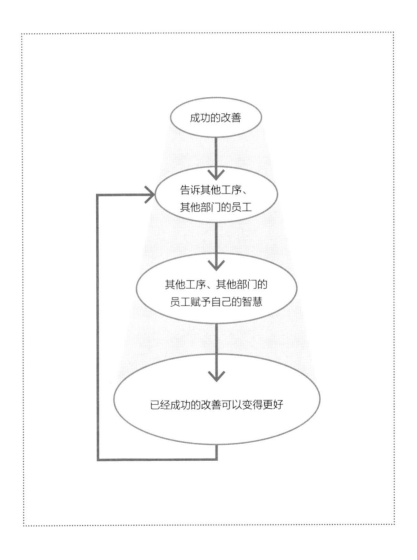

47

改变建筑和环境，
就会容易产生创新

未来社会不仅要求我们延续现在的工作方法，还需要我们进行创新。为此，改变建筑和环境是一种有效的做法。

在著名建筑家小堀哲夫所设计的几处研究设施中，不仅巧妙地融合了阳光、风、温度差等各种因素，而且侧重于不固定工作的场所。自己的员工自不必说，其他行业的员工也能在喜欢的场所中尽情地交换自己的想法。小堀哲夫为大家创造了这样一个环境，并因此成功地使生产率有了飞跃般的提升。

苹果公司的创始人史蒂夫·乔布斯在建造总公司的办公楼时，所追求的有两点：一是，不要将办公楼的空间分成一个一个小的格子间；二是，在卫生间等公共场所的建造上多下功夫，创造出让平时几乎碰不到面的员工可以偶遇的空间。

确实，比起在狭小的格子间或其他固定场所中工作，员工在能够自由交流、积极交换想法和意见的空间中，更容易产生新的想法，也因此更容易实现创新。

大家在进行合作、共同发挥智慧的过程中，绝对不能忘记的是人与人之间的距离。在X公司考虑导入"丰田式"生产方式时，丰田为了给予其帮助，派自己的员工到X公司。来到X公司之后，最让丰田员工感到吃惊的是X公司里过长的生产线和面积过大的工厂。生产线从1楼升到2楼，又从2楼降到1楼。

在面积过大的工厂中工作的员工的样子，乍一看好像很合理，大家都有足够的工作空间。但实际上人和人之间隔得太远会使他们没办法沟通、没办法互相帮助或进行团队合作。

"不要建立孤岛"是丰田的铁律之一。但X公司的工厂恰恰就是"孤岛"。虽然，当1楼的员工有事情要找2楼的员工时可以使用电话来进行沟通，但在遇到一些具体的事情或紧急情况时，还是需要跑上跑下地直接进行面对面交谈。

但是，在这个偌大的工厂中只有2处楼梯，从自己的工位走到楼梯那里然后再上楼或下楼，想想就觉得麻烦。这样一来，员工之间就无法进行交流，也就无法产生可以对工厂进行改善的智慧了。

出色的想法并非是通过计算机和邮件产生的，而是在人们面对面进行交流的过程中产生的。例如："我想改善一下这个做法，你有什么好的想法吗？""这里有些问题，你觉得怎么办才好呢？"但如果大家觉得保持适当的距离、进行面对面交流很麻烦的话，就无法形成能够一起思考、一起发挥智慧、互相帮助的职场环境。

X公司的改革就是从缩短人与人之间的距离开始的：缩短生产线，将2楼的生产线转移到1楼；尽可能地将分散在各个地方的机器集中到一起；发挥团队合作的智慧。

这样一来，在发生异常情况时，大家能够立刻集中到一起讨论改善的对策；在有人遇到困难时，周围的人也能够立刻给予帮助。如果想让大家发挥出智慧，那么创造一个能够让大家见面、交流以及互相帮助的环境是必不可少的。如果让员工们在像孤岛一样的环境中工作，那么再怎么让他们发挥智慧、进行合作也是不可能的。

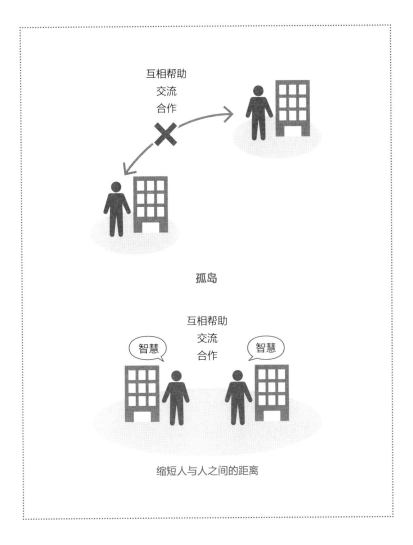

48

大家一起为取得的
成绩庆祝

要想成功地进行"丰田式"的改善，就必须掌握改善的步骤。改善一共有7个阶段，在最后的第7阶段里，有这样一句话："大家一起品味成功吧。"

虽然与发现需要改善的地方、制作改善方案等步骤相比，最后一步让人乍一看有种不知所措的感觉。但实际上，<u>大家一起品味成功对于让改善成为习惯、营造出使大家能够发挥智慧的氛围来说至关重要。</u>

在工作中，大家常被要求取得一定的成果。在取得成果、达成目标时，"祝福"是不可缺少的。通用电气（GE）传奇的首席执行官杰克·韦尔奇曾这样说过："祝福才是给组织注入活力的方法。"

韦尔奇无论在待人还是工作时，都是一位十分严格的经营者。但他从很早以前就会对员工们取得的成果给予肯定和祝福。即使是很小的成果，韦尔奇也会找各种理由来为其庆祝。

韦尔奇无论对于多小的成果都会予以肯定，并对员工们表示祝贺。他认为，只有在给予员工这样的祝福之后，他们才能在努力工作的日子里感受到快乐。

改善也是同样的道理。丰田的一位领导曾拜访过某个之前曾帮助其进行改善的企业，当时那个企业的工厂长这样说道："这个夹具已经是改良之后的第五代产品了。最初完成夹具改良的时候，大家一起喝酒庆祝，大家都觉得好的改良可以一直保留下去，因此留下了美好的回忆。虽然在改良的过程中也有被训斥、感到辛苦的时候，但如果不能感到快乐的话，就无法完成并延续好的改良。"

某企业的年轻员工Y曾被借调到该企业的合作公司，帮助该公司完成生产改革。该公司有许多年长的员工，所以刚开始改革进行得并不十分顺利。后来，终于到了新生产线开始运行的那一天，之前一直对改革表示强烈抵抗的老员工们都穿着崭新的鞋来到了公司。Y看到之后感到十分吃惊。结果，老员工们这样说道："因为今天是庆祝新生产线投入使用的好日子，所以我们大家都穿着新鞋来了。从今天开始大家就一起在这条生产线上努力工作吧。谢谢大家。"

虽然这之前的整个改革过程是一场艰苦的战争，但对于Y和老员工们来说那些时光都已经成为最好的时光。Y至今仍能清楚地记得在工作结束后的祝福宴中所喝到的酒的味道。在达成目标、完成好的改善之后，和大家一起品味成功是非常重要的。正是"喜悦"本身激发了大家对之后工作的干劲，引导大家发挥新的智慧。

而且，祝福还可以让大家保持积极的心态。有些人在想要做某事时，会在开始做之前就想放弃："这种事我应该办不到吧。""即使做了也没什么用。"或者一旦遇到一点儿小困难，就会泄气："这件事太难办了。"但如果自己所完成的改善有所成效，并得到大家祝福的话，就会觉得改善是一件好事，接下来还要继续加油。

某企业的经营者在进行改革时，要求员工不准说泄气话，而要说积极向上的话，并因此成功地将改革向前推进。在改善和改革中，重要的是要保持"试着去做一下""想办法去完成"这样积极的心态和积极的说话方式。充满活力和正能量的职场环境才能让人保持积极的心态。要想发挥智慧，祝福、活力和正能量是不可或缺的。

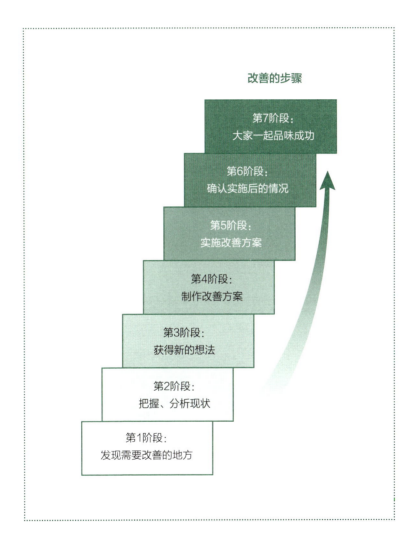

改善的步骤

第7阶段：
大家一起品味成功

第6阶段：
确认实施后的情况

第5阶段：
实施改善方案

第4阶段：
制作改善方案

第3阶段：
获得新的想法

第2阶段：
把握、分析现状

第1阶段：
发现需要改善的地方

友好地吵一架

日本的会议模式在很多情况下是这样的：与其说是开会，倒不如说是专门来听有能力的人发言，然后说"您说得很对"；或者虽然有许多意见被提了出来，但却没有得出一个明确的结论，在漫长的会议结束之后参会人却无法做出决定，得出结论。

这种会议模式会花费许多时间，而且员工们也无法发挥自己的智慧，只是白白地浪费时间罢了。会议时间过长、会议过多的现象被视为浪费现象，但因为这是长年养成的习惯，所以很难对其进行改善。这也是许多企业的现状。

但是，<u>本来会议应该是集中大家的智慧，从而得出更好的结论</u>

的场所。那么要想在会议中发挥智慧、得出结论，哪些因素是必不可少的呢？

丰田的前社长渡边捷昭先生认为"友好地吵一架"是非常重要的。他说："重要的是大家要对彼此说出自己想说的话。如果不能说出自己的真心话，就无法正确理解彼此的意见和想法。互相发表建设性的意见可以加深彼此的了解，1+1不等于2，而是等于3或4。"

渡边先生举出个例子。例如，当生产部门的负责人觉得"为什么要做出这么复杂的设计"时，不要和自己的员工们抱怨，而应该直接去和设计部门的人说。听到这样的话之后，也许设计部门的人会不高兴，但却可以明确地告诉这位的负责人："现在顾客想要的就是这种设计。"

丰田在进行新车开发时，会将各部门的负责人集中到一个房间里，让他们进行激烈的讨论。如果对设计有所不满的话，就直接说出来；如果对生产方法有疑问的话，也直接说出来就好了。

这种坦率的说话方式有时会使大家的意见产生碰撞和火花。但渡边先生认为，正是因为能够这样说出真心话，才能使大家共有问题意识，消除部门间的隔阂。从结果来看，这是一个团队和企业的最佳选择。

　　这就是渡边先生所说的"友好地吵一架"。

　　如果是为了互相牵制而出言不逊的话，就只是单纯地"吵架"。而所谓"友好地吵架"，是指大家向着同一目标，发表自己真实的意见，发挥智慧，得出最佳答案。

　　在丰田致力于打造雷克萨斯这一品牌时，该项目的负责人要求参与人员讨论到大家都能理解为止。他说："我们不能仅通过一两次会议就做出决定。我们能做的就是让大家说出自己想说的，然后进行讨论。"

　　对于丰田来说，开会不仅仅是为了决定某件事情，而是讨论所有的观点，解决所有的问题点，直到所有参会人员都能理解、领会为止。虽然这种做法可能会导致议论百出，但只有经过"友好地吵架"，大家才能理解彼此并朝着同一方向前进，这就是"丰田式"的思考方式。

　　如果大家互相客气，即使心里反对也因为不想引发矛盾而保留自己意见的话，就无法同心协力，也无法产生好的想法。如果只是对对方出言不逊、单纯地吵架的话，也无法产生好的智慧。只有"友好地吵架"，才可以让大家产生好的智慧，并为实现同一目标而努力。

在你的公司里有没有管理人员曾说过这样的话呢？

"就算让你们发挥智慧，你们也发挥不出什么好的智慧来。"

这样的管理人员无疑是没有同理心的，但在听到这些话的员工之中，应该也会有人觉得"就算你说让我们发挥智慧，也不是那么简单就能做到的"。

确实，大家都认可智慧的重要性，但也有不少人认为发挥智慧并不是一件简单的事。但是，这种不相信智慧的态度是无法产生好的智慧的，这是无可争议的事实。

据丰田原社长张富士夫先生说，曾经有一位科长面对大野耐一先生的指示，回复说"我做不到"，结果被大野耐一先生怒气冲冲地训斥了他一顿："你明明有那么多下属。人要是认真起来，根本不知道自己究竟能发挥出多少智慧。但你却完全无视下属们的智慧。你真好意思说你做不到？"

"丰田式"的基本思想是：人类的智慧是厉害的，人类的智慧是无穷的；智慧对于所有人来说都是平等的。

某田径运动员在说起描绘梦想的方法时说道："如果自己都不相信自己的话，就没有人会相信你。"也就是说，要想发挥智慧，首先无论是管理者还是下属都要相信智慧，大家一起努力发挥智慧比什么都重要。

在这个过程中，企业可以培养出发挥智慧工作的员工，工作本身也会变成一件有意义、有乐趣的事情。"工作方式改革"要求员工们在有限的时间内取得一定的成果，为此需要每位员工在创意上下功夫。

在工作时，每天都会遇到新的课题，这就需要我们学会随机应变。越是在这种时候就越要相信自己的智慧去进行思考，然后行动。在这个过程中，智慧会自然而然地产生，人就是在发挥智慧的过程中不断成长的。

感谢为本书的出版做出努力的日本能率协会管理中心（JMA Management Center）的黑川刚先生。在写作时，我还参考了一些书籍和杂志，对此深表谢意。

最后，感谢已故的若松义人先生让我了解到"丰田式"的优秀和人类智慧的厉害之处。

『トヨタ生産方式』大野耐一著　ダイヤモンド社

『大野耐一の現場経営』大野耐一著　日本能率協会マネジメントセンター

『トヨタ生産方式の原点』大野耐一著　日本能率協会マネジメントセンター

『トヨタ式人づくりモノづくり』若松義人、近藤哲夫著　ダイヤモンド社

『「トヨタ式」究極の実践』若松義人著　ダイヤモンド社

『使える！トヨタ式』若松義人著　PHP研究所

『ザ・トヨタウェイ』ジェフリー・K・ライカー著　稲垣公夫訳　日経BP社

『誰も知らないトヨタ』片山修著　幻冬舎

『トヨタの方式』片山修著　小学館文庫

『常に時流に先んずべしトヨタ経営語録』PHP研究所編　PHP研究所

『豊田英二語録』豊田英二研究会編　小学館文庫

『トヨタ経営システムの研究』日野三十四著　ダイヤモンド社

『トヨタ式仕事の教科書』プレジデント編集部編　プレジデント社

『トヨタシステムの原点』下川浩一、藤本隆宏編著　文眞堂

『トヨタ新現場主義経営』朝日新聞社著　朝日新聞出版

『トヨタ生産方式を創った男』野口恒著　CCCメディアハウス

『トヨタの世界』中日新聞社経済部編著　中日新聞社

『人間発見　私の経営哲学』日本経済新聞社編　日経ビジネス人文庫

『トヨタ生産方式の原点』大野耐一著　日本能率協会マネジメントセンター

雑誌「工場管理」1990年8月号

雑誌「日経ビジネス　アソシエ」2004年11月16日号

雑誌「東洋経済」2006年1月21日号

自学笔记

自学笔记